曹薰铉、李昌镐精讲围棋系列

李昌镐围棋研究室 —— 编著

精讲围棋死活 ❷

化学工业出版社

·北京·

图书在版编目（CIP）数据

精讲围棋死活.2 / 李昌镐围棋研究室编著. —北京：化学工业出版社，2020.10
（曹薰铉、李昌镐精讲围棋系列）
ISBN 978-7-122-37492-9

Ⅰ.①精… Ⅱ.①李… Ⅲ.①死活棋（围棋） Ⅳ.①G891.3

中国版本图书馆CIP数据核字(2020)第145362号

责任编辑：史 懿　　　　　　　　　　装帧设计：刘丽华
责任校对：赵懿桐

出版发行：化学工业出版社（北京市东城区青年湖南街13号　邮政编码100011）
印　　装：大厂聚鑫印刷有限责任公司
710mm×1000mm 1/16　印张12　字数180千字　2020年10月北京第1版第1次印刷

购书咨询：010-64518888　　售后服务：010-64518899
网　　址：http://www.cip.com.cn
凡购买本书，如有缺损质量问题，本社销售中心负责调换。

定　价：49.80元　　　　　　　　　　　　　　　　　版权所有　违者必究

序

　　职业棋手在下每一手棋时，对其以后的各种变化都会经过仔细的计算。他们将每一变化在脑海里像放电影似的反复演示，并判断出最佳下法，之后才会在棋盘上落子。

　　但业余棋手，尤其是初学围棋的人下棋时，虽紧紧盯着棋盘，眼中却没有这手棋以后的变化，只是一味地将棋子下在棋盘上。他们行棋的速度很快，所关心的也只是谁输谁赢。养成这种习惯，对提高棋力绝对有害无益。

　　因此在下每一手棋时，都应认真考虑对方会如何应付，而自己接下来又该怎样下，这样的思考方式非常重要。这种在脑海中分析以后各种变化的能力，就是人们经常提到的计算能力。

　　每当有人问我"如何才能提高围棋水平"时，我总是回答"培养计算能力是提高棋力的捷径"。而经常接触死活问题，就是培养计算能力的最好方法。初学围棋者在解答那些普通死活题时，由于往往事先就知道了正确答案，因此成效不大。只有在不知道正确答案的前提下，通过对每一问题中各种变化的充分分析，才能起到事半功倍的作用。

　　《精讲围棋死活》题目的难度逐步提升，大体上以每两册为一个台阶，分为初、中、高三个层次。做题时，应尽量凭自己的计算认真解答，而不要着急翻看答案。通过解题，您会发现，自己的棋力在不知不觉中提高了许多。

李昌镐

2020 年 8 月

围棋是中国的国粹,它能启发智力,开拓思维,是一项非常有益的修身养性的娱乐活动。成人通过学习围棋,可以培养自己良好的心境和大局观;儿童通过学习围棋,可以培养耐心,提高注意力,锻炼独立思考能力,挖掘思维潜能。学习围棋对课业学习也有十分明显的帮助。

那么如何学习围棋?如何学好围棋?什么样的围棋书才能更有针对性地提升棋艺水平?

韩国棋手曹薰铉、李昌镐不仅是韩国围棋的代表人物,在国际棋界也有举足轻重的地位。我们经与曹薰铉、李昌镐本人直接接洽,使得本系列书得以顺利出版。

本系列书包括定式、布局、棋形、中盘、对局、官子、死活、手筋共8个主题,集曹薰铉、李昌镐成长经验和众多棋手的智慧于一体,使用了韩国职业棋手的大量一手资料,其难度贯穿了围棋入门、提高、实战和入段等各个阶段,内容覆盖了实战围棋各个方面,是非常系统且透彻的围棋自学读物。

《精讲围棋死活》每册收录了各类死活问题120余道。从棋形急所、做眼破眼要点、手筋应用、行棋次序等方面,锻炼读者的计算能力,重视死活问题第一手棋的行棋方向,强调实战技巧。

本书由陈启等承担资料翻译、整理工作,由石心平、范孙操负责稿件审校,并得到曹薰铉、李昌镐围棋研究室众多成员的大力协助,在此对他们的辛勤劳动表示诚挚的感谢。

衷心希望广大围棋爱好者能通过学习本书迅速提高棋力,并由此享受围棋带来的快乐。

编著者
2020年7月

上篇　做活

问题 1 ······ 1
问题 2 ······ 1
问题 3 ······ 4
问题 4 ······ 4
问题 5 ······ 7
问题 6 ······ 7
问题 7 ······ 10
问题 8 ······ 10
问题 9 ······ 13
问题 10 ····· 13
问题 11 ····· 16
问题 12 ····· 16
问题 13 ····· 19
问题 14 ····· 19
问题 15 ····· 22
问题 16 ····· 22
问题 17 ····· 25
问题 18 ····· 25
问题 19 ····· 28
问题 20 ····· 28
问题 21 ····· 31
问题 22 ····· 31
问题 23 ····· 34
问题 24 ····· 34
问题 25 ····· 37
问题 26 ····· 37
问题 27 ····· 40
问题 28 ····· 40
问题 29 ····· 43
问题 30 ····· 43
问题 31 ····· 46
问题 32 ····· 46
问题 33 ····· 49
问题 34 ····· 49
问题 35 ····· 52
问题 36 ····· 52
问题 37 ····· 55
问题 38 ····· 55
问题 39 ····· 58
问题 40 ····· 58
问题 41 ····· 61
问题 42 ····· 61
问题 43 ····· 64
问题 44 ····· 64
问题 45 ····· 67
问题 46 ····· 67
问题 47 ····· 70
问题 48 ····· 70
问题 49 ····· 73
问题 50 ····· 73
问题 51 ····· 76
问题 52 ····· 76
问题 53 ····· 79
问题 54 ····· 79

问题 55	82		问题 88	130
问题 56	82		问题 89	133
问题 57	85		问题 90	133
问题 58	85		问题 91	136
问题 59	88		问题 92	136
问题 60	88		问题 93	139
			问题 94	139
			问题 95	142
			问题 96	142

下篇　杀棋

问题 61	91		问题 97	145
问题 62	91		问题 98	145
问题 63	94		问题 99	148
问题 64	94		问题 100	148
问题 65	97		问题 101	151
问题 66	97		问题 102	151
问题 67	100		问题 103	154
问题 68	100		问题 104	154
问题 69	103		问题 105	157
问题 70	103		问题 106	157
问题 71	106		问题 107	160
问题 72	106		问题 108	160
问题 73	109		问题 109	163
问题 74	109		问题 110	163
问题 75	112		问题 111	166
问题 76	112		问题 112	166
问题 77	115		问题 113	169
问题 78	115		问题 114	169
问题 79	118		问题 115	172
问题 80	118		问题 116	172
问题 81	121		问题 117	175
问题 82	121		问题 118	175
问题 83	124		问题 119	178
问题 84	124		问题 120	178
问题 85	127		问题 121	181
问题 86	127		问题 122	181
问题 87	130			

上篇

做活

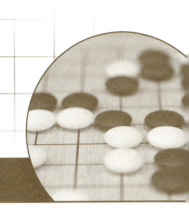

问题 1

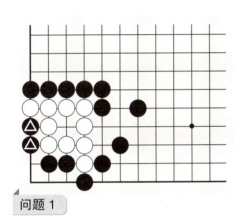

问题 1

白先。黑⚠️棋二子虽处于被打吃的状态，但白棋要做成另一只眼，仅靠普通手段也非易事。那么请问白棋的手段是什么？

问题 2

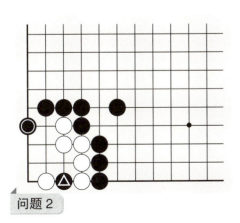

问题 2

白先。本题中白棋必须面对黑⚠️和黑⚫两子的存在，来决定自己的下法。请问白棋应如何选择？

问题 1 解说

图 1 正解

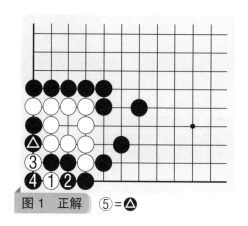

图 1 正解 ⑤=△

白 1 是巧妙的下法,黑 2 不得已只有连接,此时白 3 提,由于白棋是连续打吃,因而黑棋无暇顾及破眼,至白 5,白棋净活。

图 2 变化

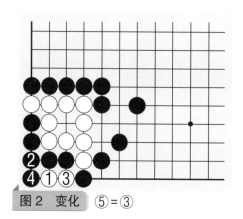

图 2 变化 ⑤=③

白 1 时,黑 2 如果连接,这种抵抗方法不成立。原因是白 3 可以扑,其后黑 4 即便提子,白 5 再倒扑,结果黑数子被吃。

图 3 失败

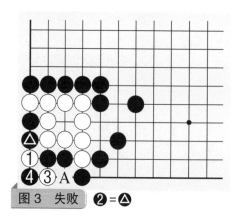

图 3 失败 ❷=△

白 1 单提不成立,而黑 2 扑是严厉的下法,其后白不论是捉黑 2 一子,还是下在 A 位,白棋都不活。本图中的白 3、黑 4 之后,白棋下成打劫活。

问题2 解说

图1 正解

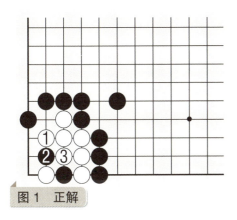

图1 正解

白1是做活的急所,黑2时,白3即可。由此可见,白1这手棋的确非常漂亮。

图2 失败1

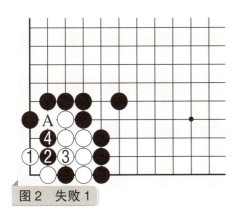

图2 失败1

白1尖,通常情况下都是要点,但在本图中不适用。黑2打吃,白3提子时,黑4可以成立,而白棋A位不入气非常痛苦。

图3 失败2

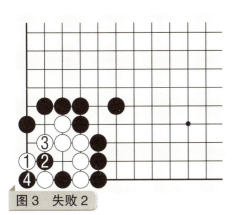

图3 失败2

白1、黑2时,白3打吃进行抵抗,至黑4,白棋下成打劫活。其结果远不及正解好。

问题 3

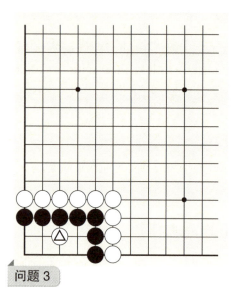

问题 3

黑先。黑棋针对白△的进攻,如何才能摆脱危机谋求做活?第一、第三手棋非常重要。

问题 4

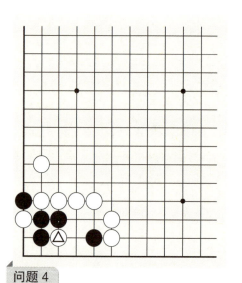

问题 4

黑先。黑棋吃白△一子将决定黑棋能否确保两个眼。请问黑棋应如何选择?

问题 3 解说

图 1 正解

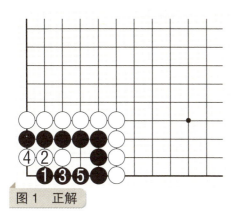

图 1 正解

黑 1 在一路单跳是做活的妙手，白 2 是当然的，此时黑 3 又是好棋，至黑 5，双方下成双活。双活也是活棋的一种形式。

图 2 失败 1

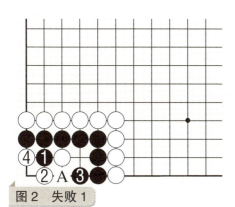

图 2 失败 1

实战中经常可以看到本图中黑 1 的下法，但实际上是错误的。白 2 扳是急所，以下至白 4 成劫。其中白 4 如下在 A 位，黑棋下在 4 位，双方是双活。

图 3 失败 2

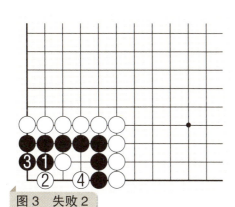

图 3 失败 2

黑 1、白 2 时，黑 3 想避免打劫，但被白 4 攻击后，黑棋净死。从本题中我们可以发现，2 位是双方必争的急所。

问题 4 解说

图 1 正解

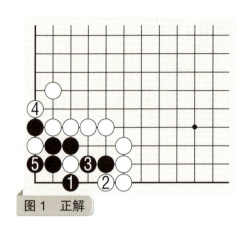
图 1 正解

黑 1 打吃，黑棋可以确保两个眼，1 位是本题唯一的做活急所。以下至黑 5，是双方以后的必然下法。

图 2 失败 1

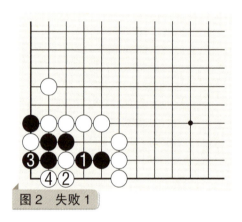
图 2 失败 1

黑 1 打吃，白 2 下立很好，黑 3 提子时，白 4 拐继续破眼，结果黑棋不活。

图 3 失败 2

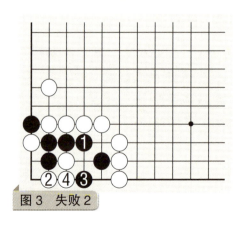
图 3 失败 2

黑 1 挡，表明黑棋的计算能力不够。白 2、4 后，黑棋不活。实战中一般都不会下出这样的棋，在此请大家引以为戒。

问题 5

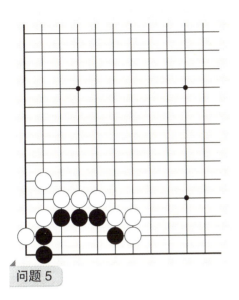

问题 5

黑先。本题是围棋死活的基本问题。黑棋只要能发现第一手棋，即可确保做活。请问黑棋应如何选择？

问题 6

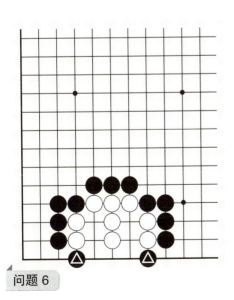

问题 6

白先。黑△二子从两侧的扳应该引起白棋的特别注意。那么请问白棋如何才能确保做活？

问题 5 解说

图 1 正解

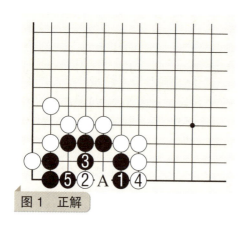
图1 正解

黑1下立，即可简单做活。白2点时，黑3顶，白4挡，黑5即可。其中白2如果下在3位，则黑棋下在2位；白4如果下在5位，则黑棋下在A位，结果仍是黑棋净活。

图 2 失败 1

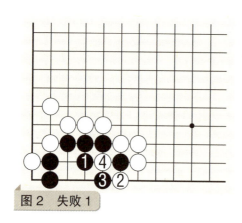
图2 失败1

黑1肯定不好，白2时，黑3被迫做劫，这一进行是黑棋的失败。

图 3 失败 2

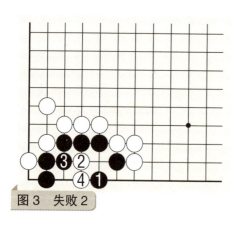
图3 失败2

黑1虎结果最坏，白2点是致命一击，黑3时，白4破眼即可。

问题6 解说

图1 正解

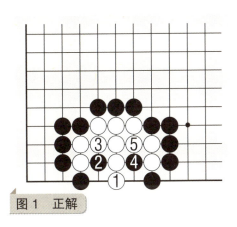

图1 正解

白1是本题做活的唯一方法,黑2以下至白5证明了白1的好处。

图2 失败

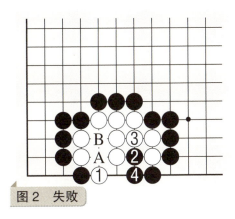

图2 失败

白1挡是轻率之举,黑2、4破眼后,白棋不活。其中白1如果下在4位,其后黑A、白B,黑棋再下在1位,结果仍是白棋净死。

图3 其他例子

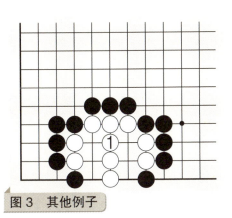

图3 其他例子

本例与问题图相似,白1是做活的要点。我们提出此类问题的目的是想告诉大家,围棋中有"两边同形走中央"这句格言,指的就是如本图和问题图这样的情况。

问题 7

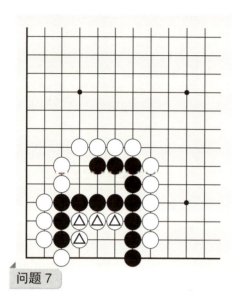

黑先。本题中的黑棋已在上方确保了一只眼,目前还须在下方再做另一只眼才能活。那么请问黑棋如何利用白△四子的缺点而使自己做活?

问题 8

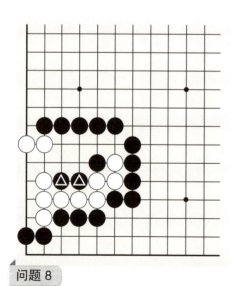

白先。本题中白棋本身的生存空间已不够,如果想做活,只有吃掉黑△二子。请问白棋的手段是什么?

问题 7 解说

图 1 正解

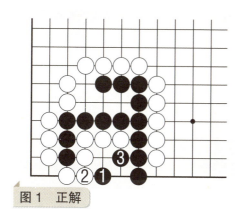
图 1 正解

黑 1 刺，是黑棋起死回生的急所。对此白 2 只好连接，黑 3 则顺势做眼，黑棋可以净活。

图 2 变化

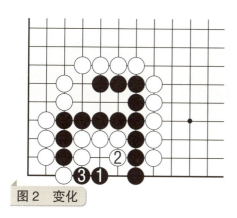
图 2 变化

黑 1 时，白 2 破眼无理，黑 3 断打后，黑棋反而吃掉白棋数子。因此，正解中白棋的选择是必然的。

图 3 失败

图 3 失败

本图中的黑 1 无谋，其后唯一做活的可能是白棋下在 A 位，黑棋下在 2 位，但这只能是幻想。

问题 8 解说

图 1 正解

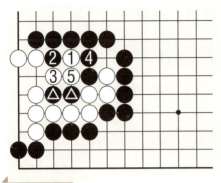

图 1 正解

白 1 是绝妙的手筋，黑△二子由此被完全封锁。黑 2、4 试图抵抗时，白 3、5 可以解决问题。本题不仅考验大家的死活知识，而且也检验了大家的手筋知识。

图 2 失败 1

图 2 失败 1

本图中的白 1 打吃错误，黑 2 挡，白 3 提子时，黑 4 可以反打，至白 5，双方下成打劫。

图 3 失败 2

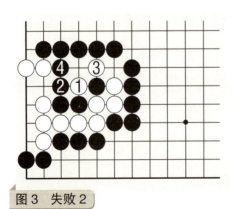

图 3 失败 2

白 1 缺乏思考，黑 2、4 连接之后，白棋的生存空间不够。

读者在解本题时，如不能正确回答，说明棋力仍较弱，需继续努力学习。

问题 9

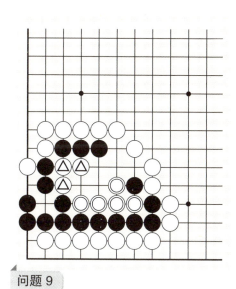

黑先。本题中的黑棋目前只有一个眼,如果要做活,只有吃住白△三子或白○五子。那么请问黑棋的手段是什么?

问题 9

问题 10

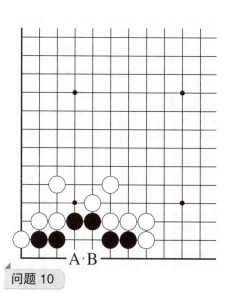

黑先。本题中的黑棋如要确保两个眼做活,应选择图中的 A 位还是 B 位?

问题 10

问题9 解说

图1 正解

图1 正解

黑1扑是巧妙的下法，白2提子时，黑3包打的下法可以成立。白棋由于不能在1位连接，因而黑棋可以吃住白棋三子做活。

图2 变化

图2 变化

黑1时，白2长的变化理应考虑，但黑棋有黑3双打吃的绝妙下法，白棋无法抵抗。至黑5，黑棋大胜。

图3 失败

图3 失败

黑1打吃不好，瞬间失去了机会。白2时，黑3扑已来不及，白4提后，黑棋A位不入气。

问题 10 解说

图 1 正解

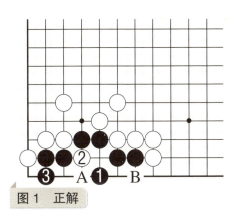

图 1 正解

黑 1 虎是正确的选择，白 2 断时，黑 3 下立是连贯的好棋，其后黑棋只要在 A 位或 B 位中居其一即可做活。

图 2 变化

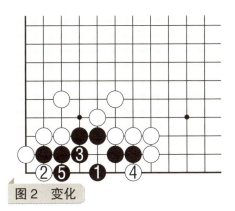

图 2 变化

黑 1 时，白 2 的下法也应该考虑。此时黑 3 连接是冷静的好棋，白 4 扳时，黑 5 挡即可。黑 3 之后，4 位或 5 位黑棋居其一即可活。

图 3 失败

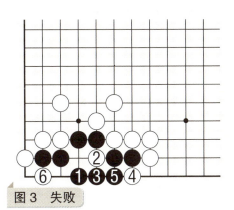

图 3 失败

黑 1 虎方向错误，白 2 断进行强攻。黑 3 时，白 4 先手打，然后白 6 扳，黑棋不活。

问题 11

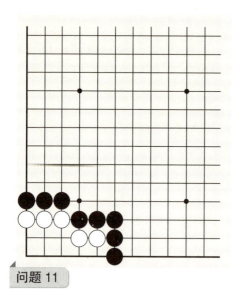

白先。本题中的白棋如要做活，行棋次序非常重要。请问白棋应如何选择？第一手棋下在哪儿？

问题 12

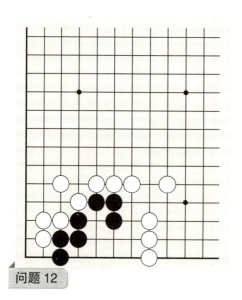

黑先。黑棋在本图中如果一味贪图活得大一些，将会遭到白棋的反击，从而惨败。那么请问黑棋应如何选择？

问题 11 解说

图 1 正解

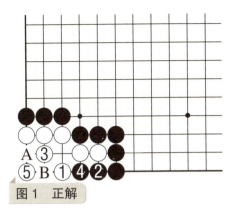

图 1 正解

白1虎是非常重要的急所，黑2时，白3又是好手，黑4时，白5可以净活。其中黑2如果下在3位，白A应后，白棋只要在B位或2位居其一即可活。

图 2 失败 1

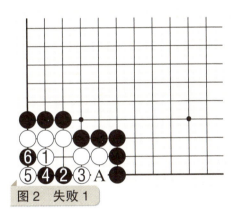

图 2 失败 1

白1谋求做活，其意在于黑A冲时，白棋下在2位，这一想法其实是错觉。黑2破眼非常严厉，白棋无奈，只好打劫活。

图 3 失败 2

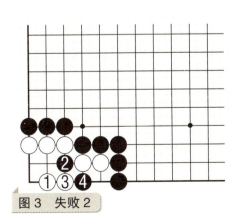

图 3 失败 2

白1这个点通常是做活的要点，但在本图中只能以失败告终。黑2断，其后黑4破眼，均是基本攻击方法，结果白棋不活。

问题 12 解说

图 1 正解

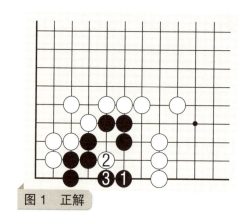

图 1 正解

黑 1 在 1 路单跳是冷静的好棋，由此可以确保做眼的空间。白 2 攻击时，黑 3 补棋即可。

图 2 失败 1

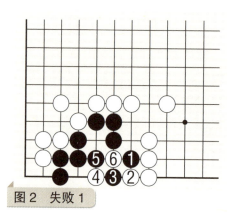

图 2 失败 1

黑 1 拓展生存空间是徒劳之举，白 2 以下至白 6，黑棋不可避免地下成打劫活。其中白 2 与白 4 交换次序，结果一样。

图 3 失败 2

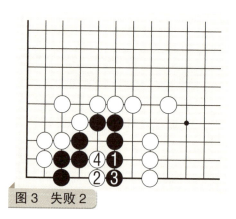

图 3 失败 2

黑 1 下立是缺乏思考的下法，白 2 点是致命一击，黑 3 断时，白 4 破眼，结果黑棋不活。

问题 13 ▶▶

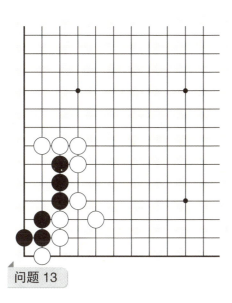

问题 13

黑先。本题对黑棋来说比较简单，只需花一手棋即可确保做活。请问黑棋应如何选择？

问题 14 ▶▶

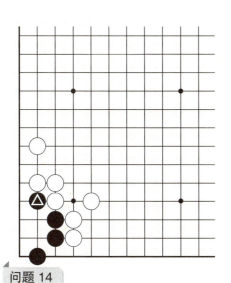

问题 14

黑先。黑▲一子如果被吃掉，黑棋肯定不行，那么黑棋所面临的问题自然是如何连接此子。请问黑棋应如何选择？

问题13 解说

图1 正解

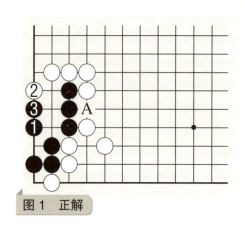

图1 正解

黑1是做活的急所,白2时,黑3应是要领,黑棋由于A位有一口外气,因此可活。如果缺少这一气,黑棋将不活。

图2 失败1

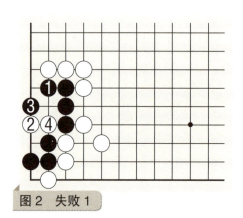

图2 失败1

黑1挡是错算,白2点或在3位点,黑棋都不活。

图3 失败2

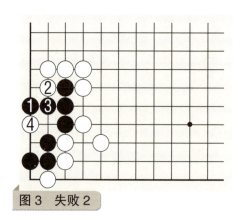

图3 失败2

黑1单跳同样错误,白2、4简单进行之后,黑棋就不活。因此类似正解中黑1这样的位置,应引起我们足够的重视。

问题 14 解说

图 1 正解

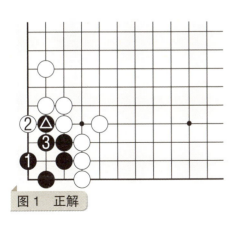

图 1 正解

黑 1 虎,并与黑 ▲ 保持联络,是黑棋确保做活的唯一急所。白 2 打吃时,黑 3 连接即可。其中白 2 如果下在 3 位,黑棋下在 2 位,白反而送一子给黑吃。

图 2 失败 1

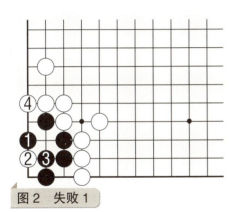

图 2 失败 1

黑 1 看似可行,但白 2 点、白 4 下立后,黑棋已不活。其中白 2 如果下在 4 位,黑棋下在 2 位可活,这一点应该引起大家的注意。

图 3 失败 2

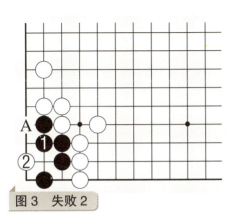

图 3 失败 2

黑 1 接是初学者易犯的错误,白 2 点后,黑棋即不活。其中黑 1 如下在 A 位,白也是在 2 位点,黑棋仍不活。

问题 15 ▶▶

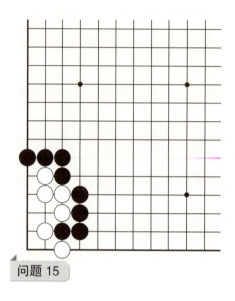

白先。在本题中白棋是应该拓展自己的生存空间,还是应寻找做活急所?请问白棋应如何选择?

问题 15

问题 16 ▶▶

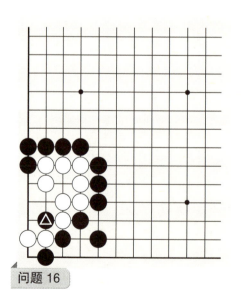

白先。白棋如果直接打吃黑▲一子,将会遭到黑棋强有力的攻击,结果会适得其反。请问白棋应如何选择?

问题 16

问题 15 解说

图 1 正解

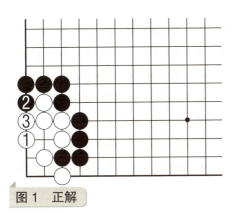

图 1 正解

白 1 做眼是确保做活的急所，除此以外，白棋别无他法。黑 2 时，白 3 团住即可。

图 2 失败

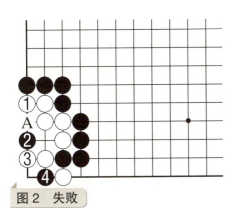

图 2 失败

白 1 下立，虽可拓展自己的生存空间，但被黑 2 点后，白棋不得不面对不活的严峻现实。其中白 1 如果下在 4 位，黑棋下在 A 位或 1 位、2 位、3 位，结果都是白棋净死。

图 3 黑棋失败

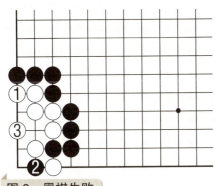

图 3 黑棋失败

白 1 下立时，黑 2 扑犯了大错误，白 3 即可轻松做活。本图黑棋的失败应引起我们的注意。

问题 16 解说

图 1 正解

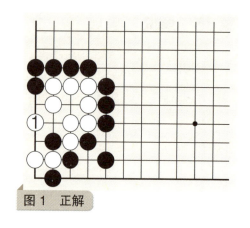

图 1 正解

白 1 尖是很聪明的一手，由此可以消除黑棋的所有手段。如果您能一眼就发现这一下法，说明您已超过了初级水平。

图 2 失败 1

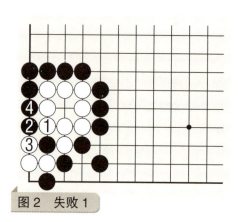

图 2 失败 1

白 1 打吃不好，此时黑 2 可以成立，白棋由于在 4 位不入气，因而难逃厄运。

图 3 失败 2

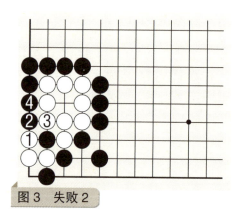

图 3 失败 2

白 1 打吃，结果与图 2 相同。此时黑 2 是好棋，至黑 4，白棋也不活。

问题 17

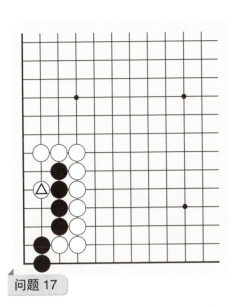

问题 17

黑先。白△攻击黑棋时，很多人都会以为黑棋将不能活，但其实不然。请问黑棋如何下才能活？

问题 18

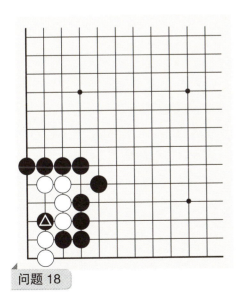

问题 18

白先。如果对围棋的死活不甚熟悉，本题中的白方很容易出错。请问白棋如何才能做活？

问题 17 解说

图 1 正解

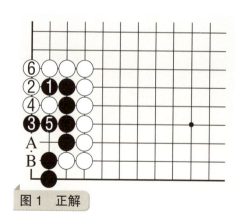

图1 正解

黑1与白2交换是必然的次序，其后黑3单跳又非常重要，黑棋由此可以确保做活。白4时，黑5打，白6后，黑下A位或B位均可。

图 2 失败 1

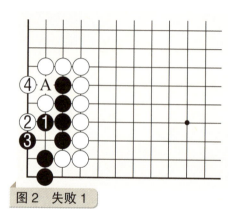

图2 失败1

黑1挡过于轻率，白2攻击必然，黑3时，白4做劫是强硬下法。其中黑3如下在A位打吃，白4位应仍然是打劫。因此，黑1挡的结果是黑棋只能打劫活。

图 3 失败 2

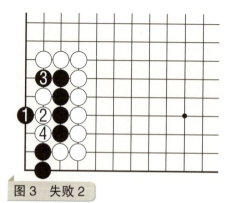

图3 失败2

黑1单跳，次序错误，白2冲后，黑棋难逃一死。原因是3位或4位白棋必居其一，因而黑棋无法做出两个眼。

问题 18 解说

图 1 正解

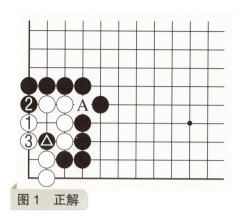

图 1 正解

白 1 尖是精明的一手，不仅可以控制黑 ▲ 一子，而且也可确保做活。白棋在 A 位有一气是白棋的幸运。

图 2 失败 1

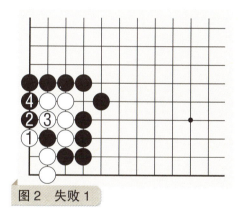

图 2 失败 1

实战中白 1 打吃的下法经常可见，但黑 2 反打，然后黑 4 连回，结果白棋不活。由此可见本图中的 2 位是双方必争的急所。

图 3 失败 2

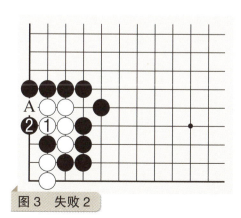

图 3 失败 2

白 1 打吃同样不行，黑 2 是急所，白棋在 A 位不入气非常痛苦。黑 2 如下在 A 位，白棋可活。

问题 19

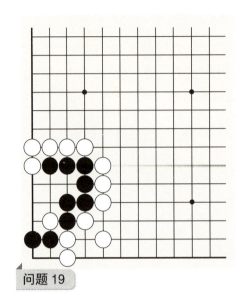

问题 19

黑先。在本题中黑棋已有一只眼，如何才能确保另一只眼呢？

问题 20

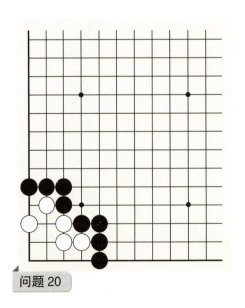

问题 20

白先。本题中白棋的要点在哪里？白棋又如何才能确保做活？

问题 19 解说

图 1 正解

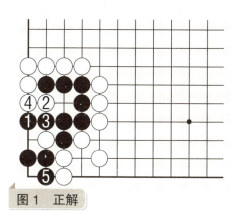

图 1 正解

黑 1 单跳，是确保另一只眼的唯一急所，白 2、4 破眼时，黑 5 可以做活。

图 2 失败 1

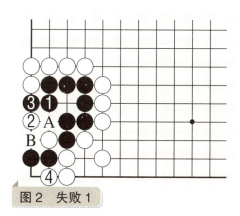

图 2 失败 1

黑 1 缺乏思考，而白 2 却是急所，黑 3 切断白棋时，白 4 紧气，黑棋由于 A 位和 B 位均不入气而不活。

图 3 失败 2

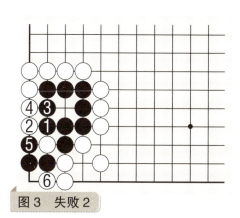

图 3 失败 2

黑 1 打吃好像是很正常的下法，但白 2 以下至白 6 之后，黑棋不活。

问题 20 解说

图 1 正解

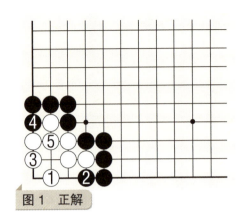

图 1 正解

白 1 是做活的要点，黑 2 破眼时，白 3 可以做眼。白 3 所在的位置同样是急所。

图 2 失败 1

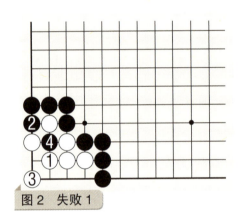

图 2 失败 1

白 1 直接做眼，其结果显然不及正解。黑 2 时，白 3 只能做劫，白棋只能下成打劫活。

图 3 失败 2

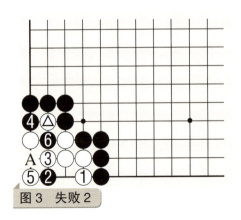

图 3 失败 2

白 1 挡，试图拓展自己的生存空间，但实际上行不通。黑 2 点，以下至黑 6，这里下成"摇橹劫"，白棋净死。其后白棋在△位提时，黑则 A 位提，白棋无计可施。

问题 21 ▶

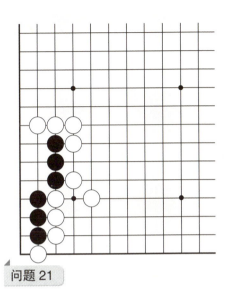

问题 21

黑先。本题与"问题13"大同小异。黑棋在本题中最大的敌人莫过于贪心。那么请问黑棋应如何选择?

问题 22 ▶

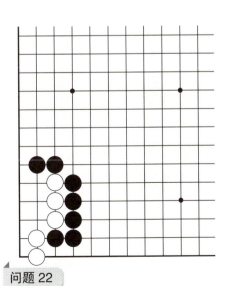

问题 22

白先。本题的棋形在实战中经常出现。请问白棋如何才能做活?

问题 21 解说

图 1 正解

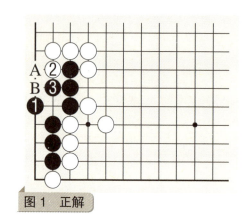

图 1 正解

黑 1 尖是很直接的一手棋，由此可以在上下各确保一只眼。白 2 时，黑 3 即已净活。其中白 2 若下在 A 位，黑则 B 位应。

图 2 失败 1

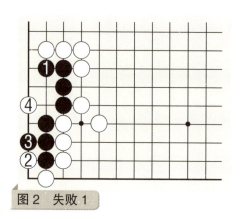

图 2 失败 1

黑 1 挡无谋，白 2、4 攻击后，黑棋不活。

图 3 失败 2

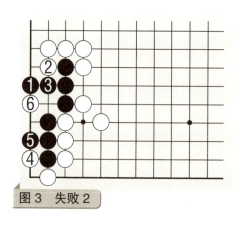

图 3 失败 2

黑 1 单跳也是错误的下法，白 2 以下至白 6 对黑棋进行攻击，黑棋不活。因此本题中黑棋唯一正确的下法，只有正解中的黑 1 尖。

问题 22 解说

图 1 正解

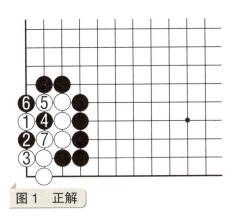

图 1 正解

白 1 单跳是急所，也是白棋做活的唯一选择。黑 2 破眼气势汹汹，但白 3 以下至白 7，白棋可以吃黑接不归。

图 2 失败 1

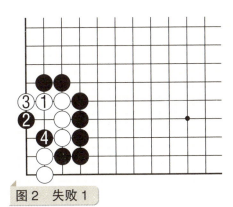

图 2 失败 1

白 1 挡缺少计算，此时黑 2 点是常用手法，至黑 4，白棋不活。像黑 2 这样的手法称为"耗子偷油"。

图 3 失败 2

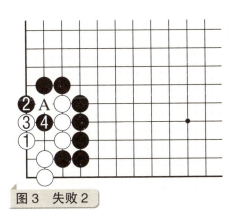

图 3 失败 2

白 1 尖，虽在很多场合适用，但于本图被黑 2 攻击后，白棋不能如愿。其后白 3 时，黑 4 挖成立，而白棋 A 位不入气非常痛苦。

问题 23

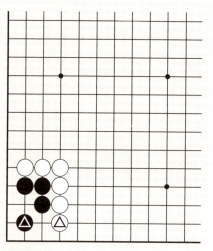

问题 23

黑先。黑▲谋求做活时，白△下立攻击黑棋，黑棋当前如何才能充分贯彻黑▲的意图？做活的方法是什么？

问题 24

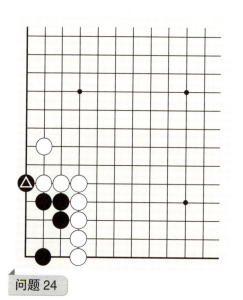

问题 24

黑先。当初黑▲扳时，必有其目的。那么请问黑棋应如何利用▲一子来做活？

问题 23 解说

图 1 正解

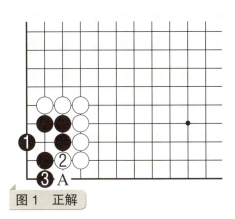

图 1 正解

黑 1 做眼是急所，不仅可以确保一只眼，而且也为另一只眼做好了准备。白 2 时，黑 3 下立或走 A 位，黑棋均可活。

图 2 失败 1

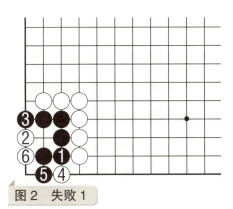

图 2 失败 1

黑 1 无非是想活得更大一些，但被白 2 点后，至白 6，黑棋不活。

图 3 失败 2

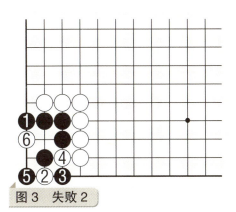

图 3 失败 2

黑 1 下立同样不行，白 2 以下至白 6，白棋即可简单吃住黑棋。其中白 2 下在 6 位同样可行。

问题24 解说

图1 正解

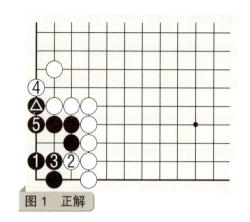

黑1尖是做活的急所，可以充分利用黑△一子。以下进行至黑5，黑棋净活。

图2 失败1

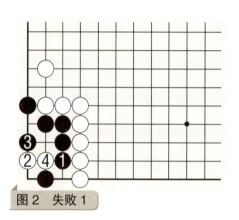

黑1挡，拓展生存空间，实际上对做活没有丝毫帮助。白2是双方必争的急所，至白4，黑棋不活。

图3 失败2

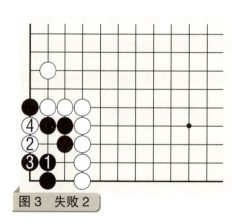

通过黑1这手棋，明显可以看出下棋者对围棋的死活问题缺少了解。白2破眼恰到好处，至白4，黑棋被杀。

问题 25 ▶

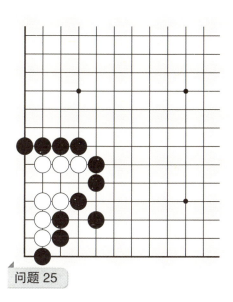

问题 25

白先。白棋的生存空间虽比较充分，但如果选择不对，同样不活。请问白棋应该如何下？

问题 26 ▶

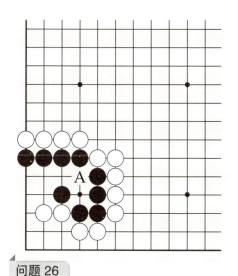

问题 26

黑先。在本题中黑棋应该充分关注其 A 位的断点，如真能做到这一点，就基本可以解答正确。请问黑棋应如何选择？

问题 25 解说

图 1 正解

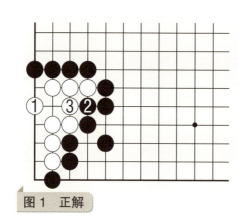

图 1 正解

白1是稳健的下法,至白3,白棋可以在上下各确保一只眼而做活。

图 2 失败 1

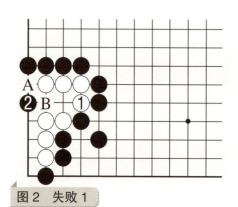

图 2 失败 1

白1挡,虽可最大限度地扩展生存空间,但黑2点极其严厉,其后白A时,黑B应;白B时,黑A应。结果都是白棋死。

图 3 失败 2

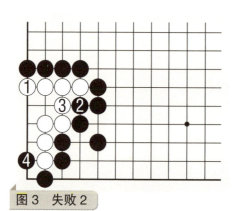

图 3 失败 2

白1挡,其想法与图2相同。黑2、4攻击后,白棋的生存空间明显不够,结果不活。

问题 26 解说

图 1 正解

黑 1 是好棋，由此可以做活。白 2 时，黑 3 做出另一只眼即可。

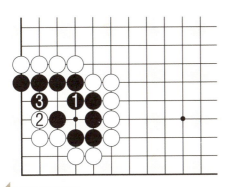

图 1 正解

图 2 失败

黑 1 挡失误，白 2 点严厉，黑 3 时，白 4、6 继续攻击，结果黑棋不活。

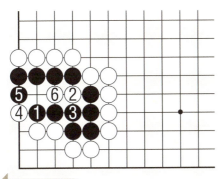

图 2 失败

图 3 白棋失败

黑 1 时，白 2 如果扳则是白棋的失败。此时黑 3 抢占急所，黑棋即可活。这一进行，黑棋的结果比正解还好。

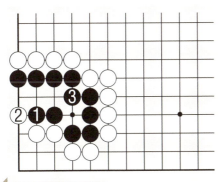

图 3 白棋失败

问题 27

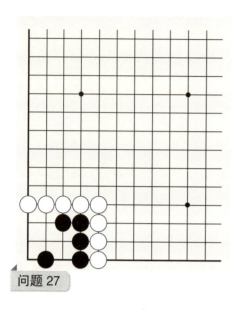

黑先。在本题中黑棋如何才能确保做活?

问题 27

问题 28

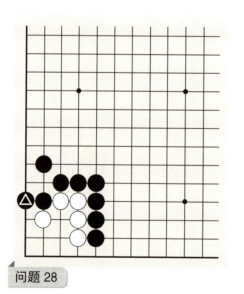

白先。在本题中白棋应该充分注意到黑▲一子的存在。请问白棋的正确选择是什么?

问题 28

问题 27 解说

图 1 正解

黑 1 是做活的急所，可以与黑▲一子取得最佳配合。白 2 时，黑 3 挡住即可。

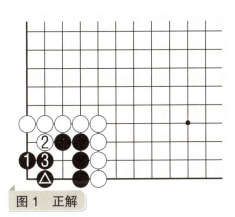

图 1 正解

图 2 失败 1

黑 1 挡，白 2 点严厉，黑 3 切断时，白 4 破眼，A 位不入气是黑棋的痛苦。

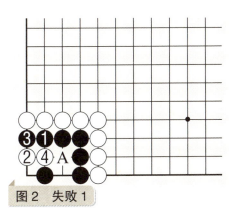

图 2 失败 1

图 3 失败 2

黑 1 不可能成功，白 2 破眼是致命一击，结果黑棋不活。

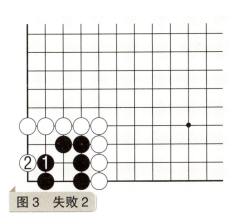

图 3 失败 2

问题28 解说

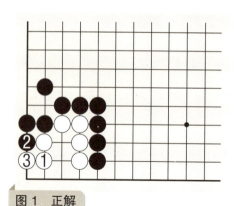
图1 正解

图1 正解

白1是做活的要点，黑2时，白3挡住，由此白棋做活空间充分。

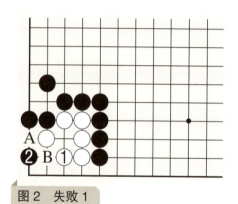
图2 失败1

图2 失败1

白1做眼好像是常识性下法，在很多情况下又都是急所，但在本图中不成立。黑2单跳是强有力的攻击手段，其后白A时，黑B应，白B时，黑A应，结果都是白棋净死。

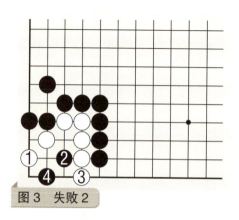
图3 失败2

图3 失败2

白1尖缺少计算，而黑2破眼是致命一击，其后白3时，黑4应，白棋难免一死。

问题 29

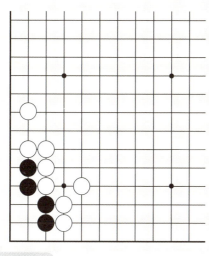

问题 29

黑先。本题是常识性问题。请问黑棋如何才能确保做活?

问题 30

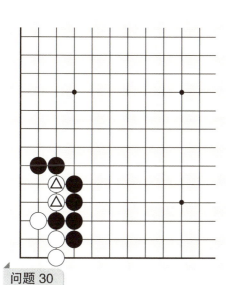

问题 30

白先。在本题中白棋如过于顾忌己方△二子的存在,结果肯定不好。请问白棋应如何选择?

问题29 解说

图1 正解

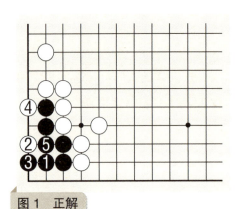

图1 正解

黑1是冷静的好棋，也是黑棋做活的唯一要点。白2点时，黑3做眼，白4扳时，黑5应是要领，黑棋可活。

图2 失败1

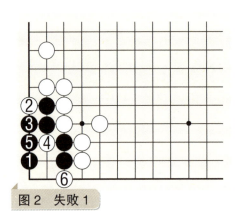

图2 失败1

黑1是错误下法，白2扳开始攻击，以下进行至白6，黑棋必死。

图3 失败2

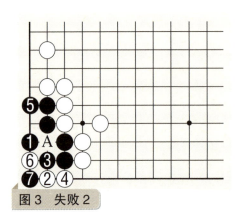

图3 失败2

黑1虎看似要点，但白2点是强有力的手段，黑3不得已只好做眼，以下进行至黑7，结果下成打劫活。其中黑3如果下在4位，则白4下在3位，以下黑A、白5，黑棋净死。

问题 30 解说

图 1 正解

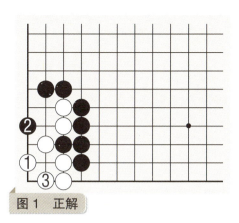

图 1 正解

白1虎，摆出一副甘愿牺牲两子的姿态，是稳健的下法。其后白棋只要在2位或3位中居其一即可活。白棋若想做活，除此之外别无他法。

图 2 失败

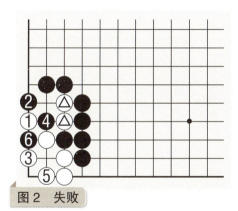

图 2 失败

白1虎虽可照顾到白△二子，但实际上是错误下法。黑2是巧妙的攻击手法，其后白3谋求做活时，黑4可以倒扑，至黑6，白棋只能下成打劫活。

图 3 黑棋失败

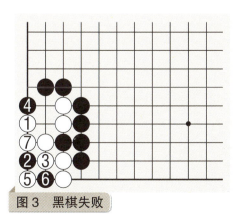

图 3 黑棋失败

白1时，黑2立即点入破眼不能成立，白3连接，黑4再下已来不及了，白5、7利用"胀死牛"的方法做活。

问题 31 ▶

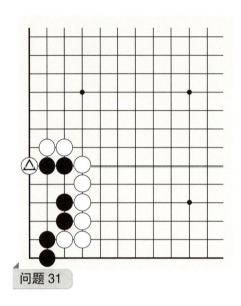

黑先。白△扳时，黑棋常用的应对手法是什么？如何下才能确保做活？

问题 31

问题 32 ▶

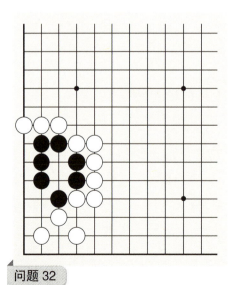

黑先。黑棋如何在保留右边一只眼的同时，做出另一只眼？

问题 32

问题 31 解说

图 1 正解

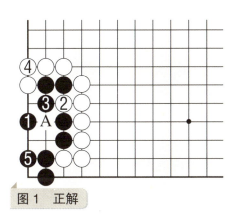

图 1 正解

黑 1 是本题的最佳选择，由此可以确保做活的空间。其后白 2、4 攻击时，黑 5 或黑 A 应对均可确保做活。

图 2 失败 1

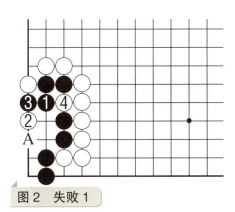

图 2 失败 1

实战中经常可以看到类似黑 1 这样的下法，白 2 则是严厉的攻击，至白 4，黑棋不活。其中黑 3 如果下在 A 位，白棋在 3 位应即可。

图 3 失败 2

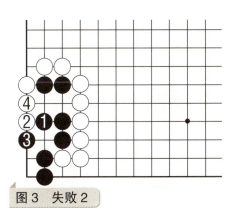

图 3 失败 2

黑 1 不可取，白 2 应即可吃住黑棋。至白 4，黑只有一只眼。

问题 32 解说

图 1 正解

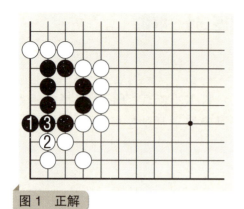

图 1 正解

黑 1 尖是明快的下法，黑棋由此可以在左边确保第二只眼。白 2、黑 3 是后续下法。

图 2 失败 1

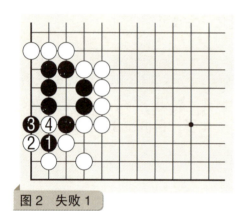

图 2 失败 1

黑 1 虎虽然很强硬，但会引起白棋的攻击，白 2 时，黑 3 无奈只好做劫。其中黑 3 如果在 4 位连接，白棋在 3 位爬，黑棋净死。

图 3 失败 2

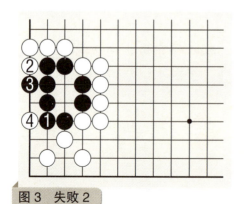

图 3 失败 2

黑 1 是初学者常出现的下法，这种下法不可能活棋。其后白 2、4 是基本破眼方法。

问题 33

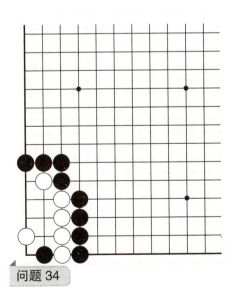

问题 33

白先。本题中的白棋已在右边确保一只眼，白△两扳的目的是做出另一只眼。请问白棋如何才能确保做活？正解有两个，但若下成打劫活，对白棋来说就是失败。

问题 34

问题 34

白先。本题中的白棋不可能无条件做活，能够下成打劫活即已大功告成。请问白棋应如何选择？

问题 33 解说

图 1 正解 1

白 1 虎是常用下法，白棋由此可以在左边确保一个眼。黑 2 打时，白 3 连接即可。

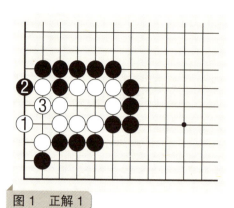

图 1 正解 1

图 2 正解 2

白 1 虎，结果与正解 1 相同。以下至白 5，白棋净活。

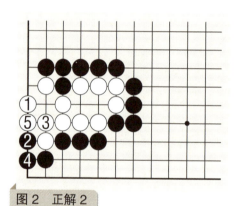

图 2 正解 2

图 3 失败

白 1 连接无理，黑 2 时，白 3 只能做劫。其中白 1 如果在 4 位连接，黑 A、白 B 后，结果也是劫活。这一点希望大家注意。

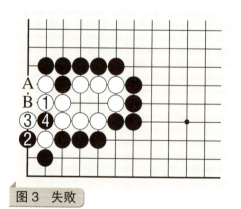

图 3 失败

问题 34 解说

图 1 正解

白 1 虎是很具弹性的下法，黑 2 时，白 3 做劫又是好棋，以后 A 位劫争的结果将决定白棋的死活。

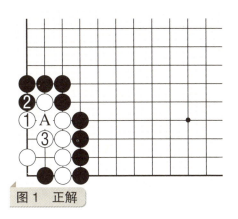

图 1 正解

图 2 失败 1

白 1、黑 2 时，白 3 接错误，黑 4 破眼严厉，结果白棋净死。

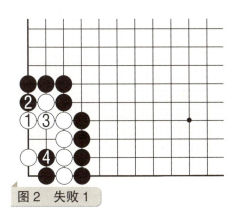

图 2 失败 1

图 3 失败 2

白 1 接同样是错误的下法，黑 2 显而易见，白 3 必挡，此时黑 4 冲，白棋也不活。

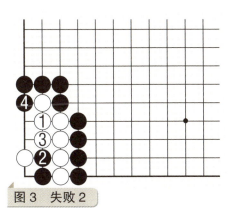

图 3 失败 2

问题 35

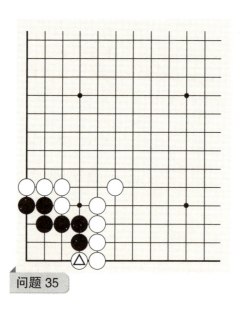

问题 35

黑先。白△冲时，黑棋如何应对才是最佳的选择？打劫活仍是黑棋的正解。

问题 36

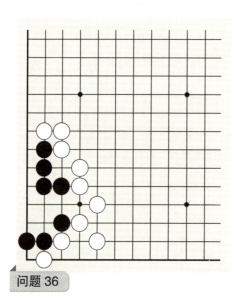

问题 36

黑先。本题中的黑棋看似可以轻松做活，但事实并非如此。请问黑棋如何才能确保做活？

问题 35 解说

图 1 正解

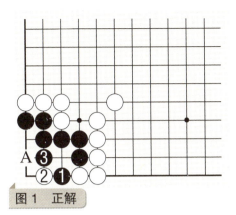

图 1 正解

黑 1 是决定性的一手，白 2 打时，黑 3 做劫，这是黑棋的最佳选择。其中白 2 如果下在 3 位，黑 A 扳，结果黑棋净活。

图 2 失败 1

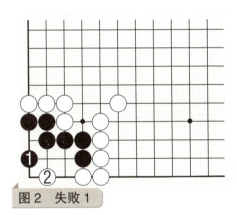

图 2 失败 1

黑 1 尖，黑棋做活的空间不足，白 2 单跳破眼，黑棋仅仅可以做出后手一眼。

图 3 失败 2

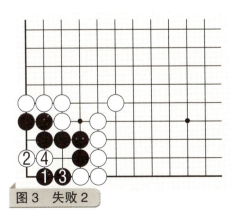

图 3 失败 2

黑 1 看似急所，但被白 2 致命一击后，黑棋没有活路。

问题 36 解说

图 1 正解

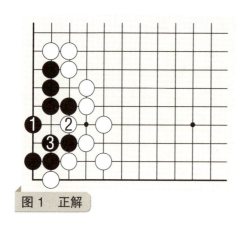

图 1 正解

黑 1 尖是做活的急所，也是很有弹性的下法。白 2 时，黑 3 接上即可。

图 2 失败 1

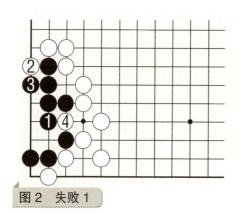

图 2 失败 1

黑 1 虽然构想不错，但不能令人满意。白 2 扳，黑 3 挡，白 4 扑入，结果黑棋只能下成打劫活，结果当然不及正解好。

图 3 失败 2

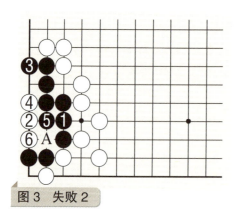

图 3 失败 2

黑 1 连接，是想活得更大一些，但却适得其反。白 2 点是致命一击，黑 3、5 努力做眼，但下至白 6，白棋可以吃住黑棋。其中黑 1 如果下在 A 位，白 2 点，黑棋同样不活。

问题 37

黑先。黑棋如能吃住白△一子，则立即可活。对此黑棋不能有丝毫马虎，否则将惨遭失败。请问黑棋应如何选择？

问题 37

问题 38

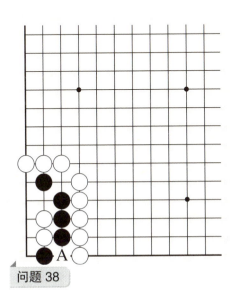

黑先。在本题中黑棋如在A位连接肯定不能活，但被白棋下A位打吃，黑棋又不踏实。请问黑棋应如何选择？

问题 38

问题37 解说

图1 正解

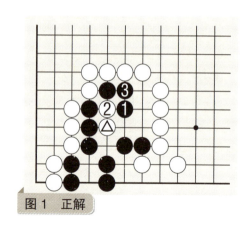

图1 正解

黑棋由于在下方已有一只眼，因此黑1枷，吃住白△一子是稳健的下法。除此以外，黑棋别无做活之法。

图2 失败1

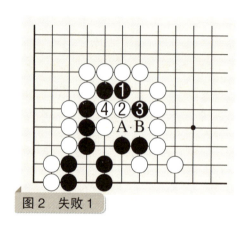

图2 失败1

黑1看似可行，事实并非如此。白2尖巧妙，这手棋如果下在A位或B位，都正合黑棋心意。黑3、白4之后，黑棋失败。

图3 失败2

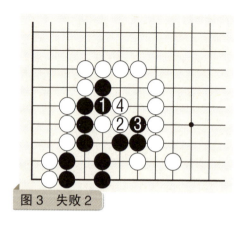

图3 失败2

黑1连接，表明计算能力还欠火候，白2、4简单逃脱后，黑棋难免全军覆没。

问题 38 解说

图 1 正解

黑 1 是必然的抵抗手段，这也是角的一个特点。白 2 时，黑 3 反打吃，结果下成打劫活。

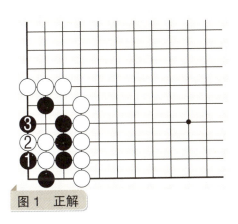

图 1 正解

图 2 变化

黑 1 时，白 2 如果换方向打，黑 3 或黑 A 后，结果同样是打劫活。

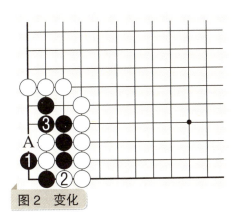

图 2 变化

图 3 失败

黑 1 不好，之后白若在 A 位打，黑在 2 位应，结果同样是打劫活。但白棋有白 2 的手段，结果黑棋净死。

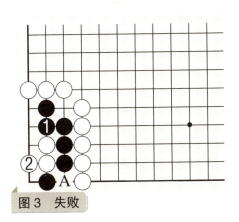

图 3 失败

问题 39

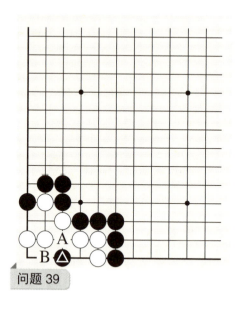

白先。黑▲点时，白A、黑B进行的结果是白棋死。那么白棋如何才能做活？

问题 40

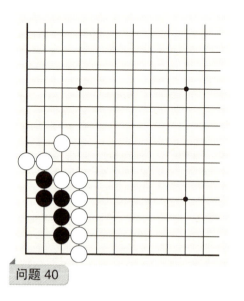

黑先。本题黑棋的空间虽然比较大，但做活的方法却只有一个。请问黑棋应如何选择？

问题 39 解说

图 1 正解

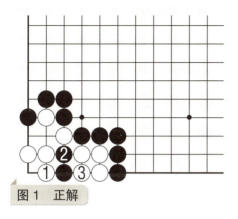
图 1 正解

白 1 做眼必然，黑 2 打吃也是当然的下法，白 3 只有提子，后续变化见图 2。

图 2 正解继续 1

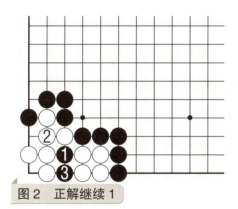
图 2 正解继续 1

其后黑 1 扑，白棋经过计算，白 2 连接，黑 3 提子。后续变化见图 3。

图 3 正解继续 2

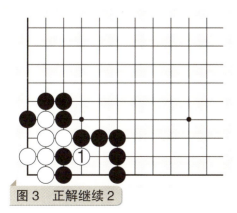
图 3 正解继续 2

其后白 1 打，反吃两子，白棋可活。本题白棋的做活方法被称为"倒脱靴"。

问题40 解说

图1 正解

黑1是要点，也是本题的正确答案。白2点，黑3应，黑棋即可活。

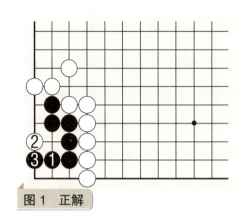

图1 正解

图2 失败1

黑1看似要点，但白2点，黑3断，白4是好手，其后黑A、白B，黑棋不活。

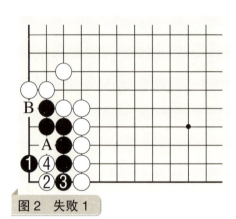

图2 失败1

图3 失败2

黑1仍是失败之举，白2是急所，以下进行至白6，黑棋由于A位不入气，结果不活。

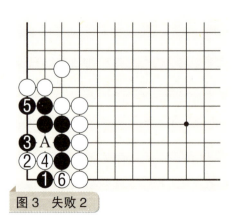

图3 失败2

问题 41 ▶▶

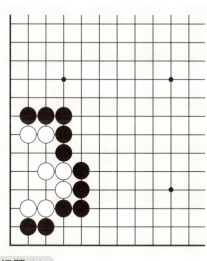

问题 41

白先。本题是实战中的一例。请问白棋如何确保做活？

问题 42 ▶▶

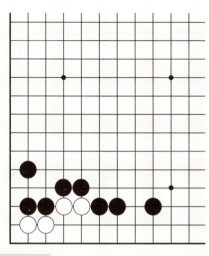

问题 42

白先。实战中如出现本题的棋形，白棋如能正确做活，则说明围棋死活水平已达到一定的高度。请问白棋应如何选择？

问题 41 解说

图 1 正解

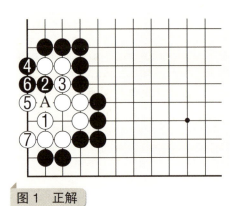

图 1 正解

白 1 做眼，黑 2 夹时，白 3、5、7 可以做成另一只眼，白棋可活。其中白 5 下在 A 位同样可行。

图 2 失败 1

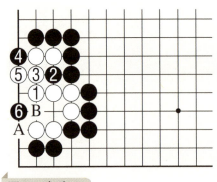

图 2 失败 1

白 1 是失败之举，黑 2、4 压缩白棋，接着黑 6 点，白棋不活。其后白 A 时，黑 B 即可。

图 3 失败 2

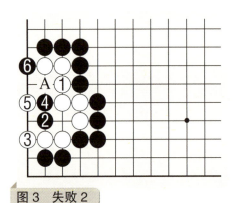

图 3 失败 2

白 1 挡，同样不可能成功，黑 2、4、6 攻击后，白棋不活。应该引起我们注意的是，黑 6 如果下在 A 位，白棋下在 6 位，白棋可双活。

问题 42 解说

图 1 正解

白 1 曲是解决本题的出发点，黑 2 扳时，白 3 可以做眼，其后黑 4 时，白 5 应即可。其中黑 4 若下在 5 位，白棋下在 4 位，以下黑 A、白 B，白棋仍活。

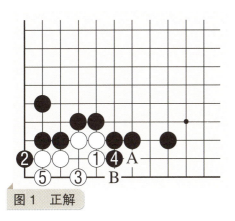

图 1 正解

图 2 变化

白△时，黑 1 点虽是急所，但白 2 应稳健，黑 3 时，白 4 可以做活。

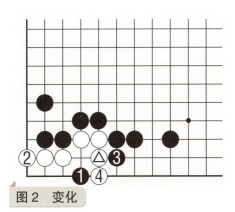

图 2 变化

图 3 失败

白 1、3 扳接是最易犯的错误，此时黑 4 点是致命一击，白 5 时，黑 6 渡过可以成立，白棋由于 A 位不入气，结果不活。

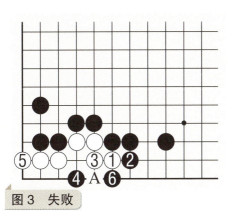

图 3 失败

问题 43

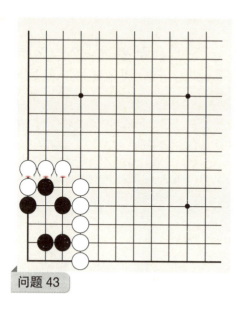

问题 43

黑先。本题说容易就容易,说难也难,最大的忌讳就是贪心。请问黑棋应如何选择?

问题 44

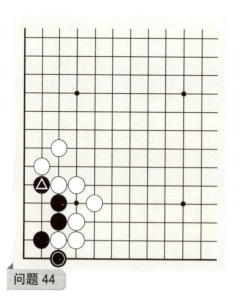

问题 44

黑先。本题是基本死活的一种,黑△与黑● 两子为做活创造了最起码的条件。黑棋应如何选择?

问题 43 解说

图 1 正解

图 1 正解

黑 1 是急所，可确保上下各有一只眼。白 2、4 时，黑 3、5 应即可。

图 2 失败 1

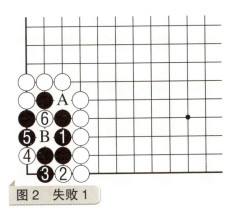
图 2 失败 1

黑 1 挡，确保生存空间，但白 2 冲，黑 3 挡时，白 4 点是致命一击，黑 5 时，白 6 是基本破眼手法，结果黑棋不活。其中黑 5 如果下在 A 位，白 B 破眼即可。

图 3 失败 2

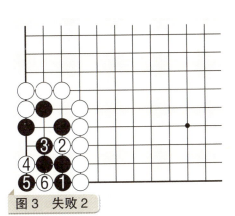
图 3 失败 2

本图中的黑 1 挡，虽比图 2 的下法略强，但仍不及正解的下法。白 2 冲，黑 3 挡，其后白 4 严厉，以下黑 5、白 6，黑棋下成打劫活。本来很简单的问题被复杂化了。

问题 44 解说

图 1 正解

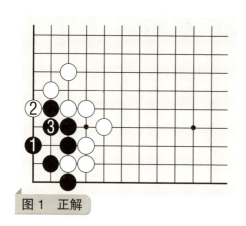
图 1 正解

黑1是常用的下法，由此可以确保做活。白2时，黑3连接即可。白2如果下在3位，黑棋下在2位，黑棋同样可活，且白棋受损。因此本图是双方的最佳进行。

图 2 失败 1

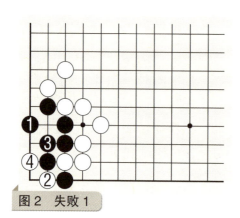
图 2 失败 1

黑1虎看似可行，但白2扑是巧妙下法，黑棋不可能无条件做活。黑3连接，白4强手，黑棋只能下成打劫活。

图 3 失败 2

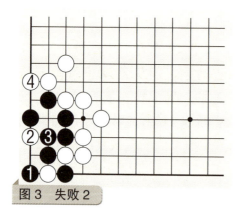
图 3 失败 2

图2中黑3如果下成本图中的黑1提，则白2机敏，至白4，黑棋不活。其中白2如果直接下4位，黑棋下在2位，黑棋可活。这一点我们应该注意。

问题 45 ▶

黑先。白△点攻击黑棋时，黑棋如何应对才能下成打劫活？

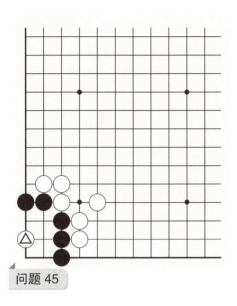

问题 45

问题 46 ▶

白先。黑△攻击白棋，这手棋本身就有问题，对此白棋的最佳应法是什么？

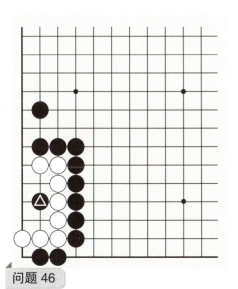

问题 46

问题45 解说

图1 正解

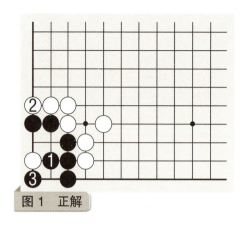

图1 正解

黑1顶是最佳应法，白2时，黑3扑劫，黑棋可以下成打劫活。

图2 失败

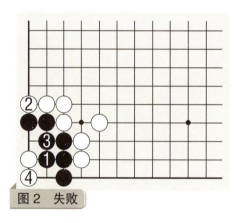

图2 失败

黑1、白2时，黑3连接是大失误，白4破眼后，黑棋净死。

图3 白棋失败

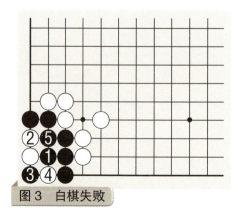

图3 白棋失败

黑1时，白2从里侧破眼不好，黑3扑，其后黑5运用"胀死牛"的方法做活。

问题 46 解说

图 1 正解

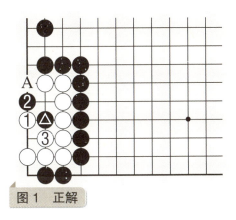

图 1 正解

白 1 是好手，黑 2 是最强的下法，白 3 当然做劫。问题图中黑棋如想攻击白棋，黑▲应下在 A 位。

图 2 失败

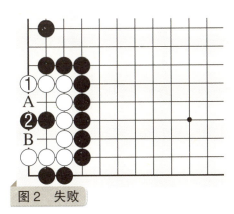

图 2 失败

白 1 立是不负责任的下法，黑 2 后，白棋整体不活。其中黑 2 下在 A 位或 B 位同样可行。

图 3 黑棋失败

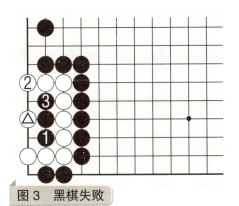

图 3 黑棋失败

白▲时，黑 1 长是失误，白 2 下立，黑 3 破眼，结果黑棋是后手双活。

问题 47

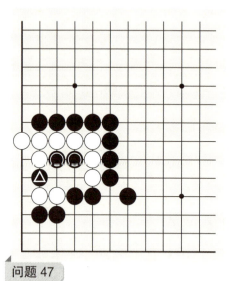

问题 47

白先。白棋面对黑△和黑⬤三子，应该如何选择打吃方向确保做活？

问题 48

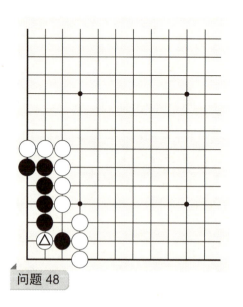

问题 48

黑先。白△夹攻黑棋时，黑棋如稍有不慎，便可能惨遭失败。请问黑棋应如何选择？

问题47 解说

图1 正解

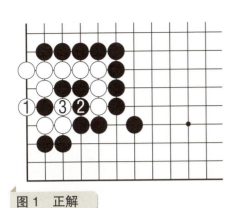

图1 正解

白1打吃是冷静的下法,黑2连接,白3提子后,白棋已活。

图2 失败1

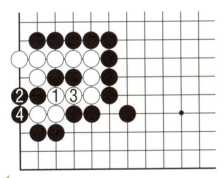

图2 失败1

白1打吃,黑2下立是好棋,至黑4,白棋不活。其中如黑2在3位连接,白棋在2位提后,又还原成正解。

图3 失败2

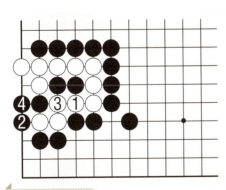

图3 失败2

白1打吃是初学者最易犯的错误,黑2渡过,白3提子,黑4连接,结果白棋不活。

问题48 解说

图1 正解

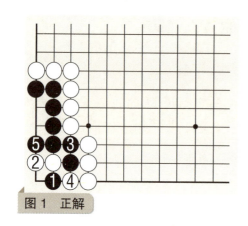

图1 正解

黑1打吃，这手棋大家并不难发现，白2下立时，黑3连接是好棋，白4时，黑5可"吃倒包"。

图2 失败

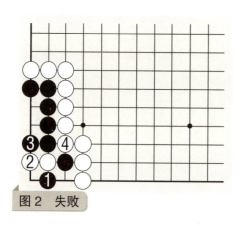

图2 失败

黑1、白2时，黑3打吃轻率，白4是追攻黑棋失误的手段。后续变化见图3。

图3 失败继续

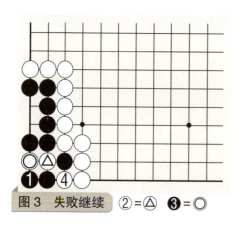

图3 失败继续　②=△　❸=○

黑1提子时，白2扑破眼严厉，至白4，应该是大家熟悉的下法。

问题 49

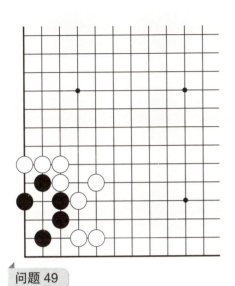

问题 49

黑先。精通围棋死活的爱好者一看本题,即可发现正确答案所在。请问黑棋应如何选择?

问题 50

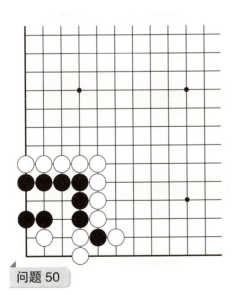

问题 50

黑先。黑棋在本题中如何才能确保做活?在选择时,希望黑棋沉着冷静。

问题 49 解说

图 1 正解

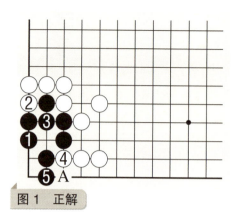

图 1 正解

黑 1 是棋形上的急所，也是黑棋做活的唯一途径。白 2、4 攻击时，黑 3、5 应对即可。其中黑 5 下在 A 位也行。

图 2 失败

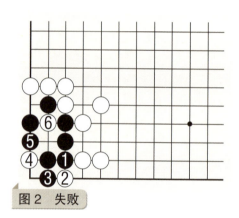

图 2 失败

黑 1 对做活毫无帮助，此时白 2 扳是重要次序，黑 3 应时，白 4 点，黑 5 时，白 6 扑，结果黑棋不活。

图 3 白棋失败

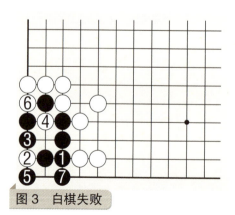

图 3 白棋失败

黑 1 时，白 2 操之过急，黑 3、5 应，其后黑棋只要在 6 位或 7 位中居其一即可活。

问题50 解说

图1 正解

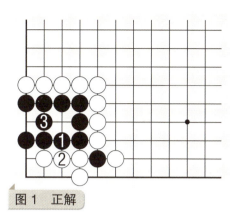

图1 正解

黑1接是沉着冷静的好棋，由此可以做活。其后白2时，黑3简单应即可。

图2 变化

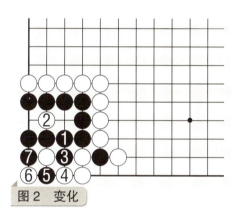

图2 变化

黑1时，白2点有问题，此时黑3冲，白4挡，黑5、7扑吃接不归。因此，正解中的白2是正确选择。

图3 失败

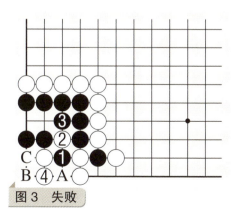

图3 失败

黑1挖，意在白A时，黑在2位接，从而黑棋可活。但白棋有白2的反击手段，黑3时，白4下立是好棋，结果黑棋不活。白4如果下在A位，黑棋下在4位，白B位提，黑C位打，这里下成"摇橹劫"，黑棋净活。

问题 51 ▶

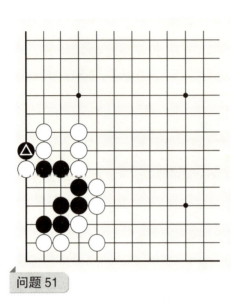

问题 51

黑先。本题中的黑棋空间不大，因而其选择也受到限制。那么请问黑棋如何下才能做活？注意黑▲一子可发挥重要作用。

问题 52 ▶

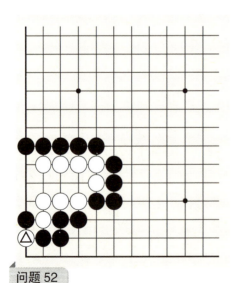

问题 52

白先。本题的要领与"问题 51"相似。请问白棋如何才能做活？

问题 51 解说

图 1 正解

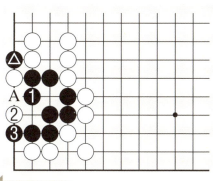

图 1 正解

黑 1 是做眼的巧手，白 2 时，黑 3 下立即可做活。而白不能在 A 位连接，正是黑 ▲ 一子所发挥的作用。

图 2 失败 1

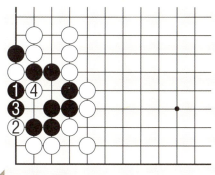

图 2 失败 1

黑 1 提白一子错误，被白 2、4 攻击后，黑棋明显不活。

图 3 失败 2

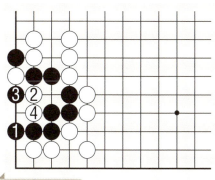

图 3 失败 2

黑 1 下立，试图拓展自己的生存空间，但白 2 点眼是急所，黑 3、白 4 之后，黑棋不活。其中白 2 如果下在 3 位，黑棋下在 2 位，黑棋可活。

问题 52 解说

图 1 正解

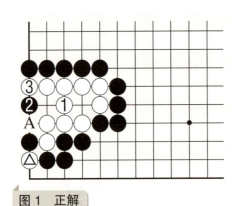

图 1 正解

如果能真正理解"问题 51"的答案，本题就简单了。白 1 是做活的急所，黑 2 时，白 3 挡，黑棋不能在 A 位连接，正是白△一子发挥了作用。

图 2 失败 1

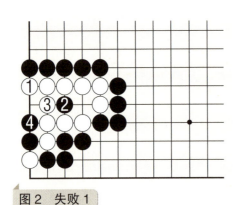

图 2 失败 1

白 1 挡，被黑 2 攻击后，白棋不活。白 3 时，黑 4 爬即可。

图 3 失败 2

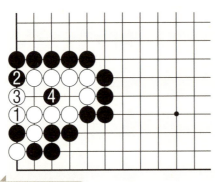

图 3 失败 2

白 1 提黑一子同样不活，黑 2、白 3 后，黑 4 点即可杀死白棋。

问题 53 ▶▶

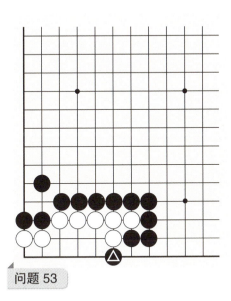

问题 53

白先。黑△扳时，白棋如何才能做活？本题也可以说是官子的手筋。

问题 54 ▶▶

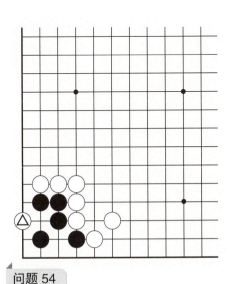

问题 54

黑先。白△点时，黑棋是选择切断白棋，还是选择妥协？黑棋如何才能确保做活？

问题 53 解说

图 1 正解

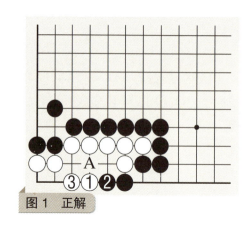

图 1 正解

白 1 单跳是正解，也是白棋做活的唯一手段。黑 2 时，白 3 即可做活。白 3 如果下在 A 位，虽然同样可活，但损 1 目。

图 2 失败 1

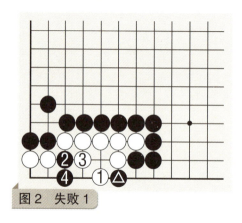

图 2 失败 1

黑△扳时，白 1 如果挡，黑 2 断严厉，白 3 时，黑 4 下立，白棋由于两侧都不入气，因而不活。

图 3 失败 2

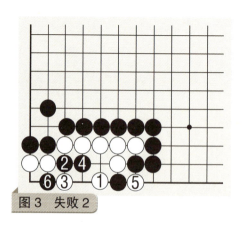

图 3 失败 2

白 1、黑 2 时，白 3 若从一路打吃，黑 4 可反打，白 5 被迫提子，黑 6 倒扑，结果仍是白棋净死。因此，图 2 中的黑△扳常诱使人犯错误。

问题 54 解说

图 1 正解

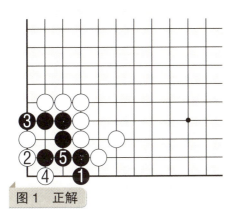

图 1 正解

黑 1 下立是做活的急所，白 2、4 是必然的攻击性下法，黑 3、5 补棋后，黑棋可双活。其中白 2 如下在 3 位，黑棋下在 2 位，黑棋可净活。

图 2 失败 1

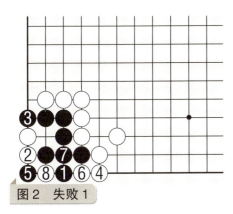

图 2 失败 1

黑 1 做眼，但白 2 攻击可以成立，以下至白 8，黑棋下成打劫活。

图 3 失败 2

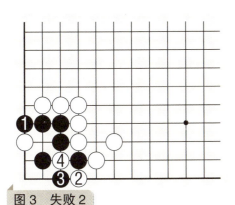

图 3 失败 2

黑 1 切断白棋一子无理，白 2 打吃时，黑 3 迫不得已只能做劫，于是白 4 提，双方打劫。

问题 55

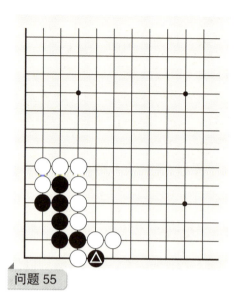

问题 55

黑先。本题是角上的基本死活问题，类似的问题前面已讲过两次。请问黑棋应如何选择？

问题 56

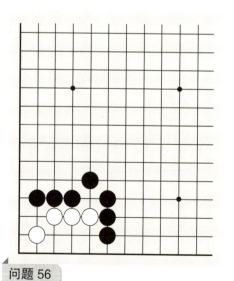

问题 56

白先。白棋在本题中只要应用一种常用下法，即可确保做活。请问白棋应如何选择？

问题 55 解说

图 1 正解

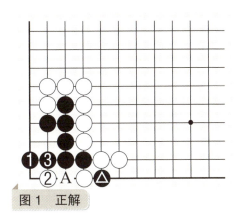

图 1 正解

黑 1 是做活的唯一要点，可以防备白棋的所有攻击手段。白 2 时，黑 3 连接冷静，其后白棋 A 位无法连接是黑 ▲ 一子存在的作用。

图 2 失败 1

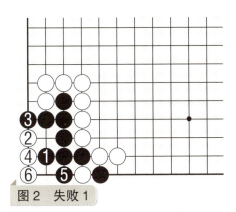

图 2 失败 1

黑 1 在有些时候是适用的，但在本图中不成立。白 2 点当然，黑 3 时，白 4 长又是好棋，至白 6，黑棋不活。

图 3 失败 2

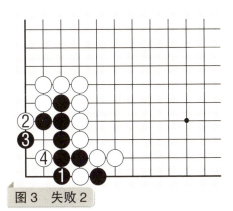

图 3 失败 2

黑 1 直接提子，则白 2 扳，黑 3 挡时，白 4 点，黑棋不活。

问题56 解说

图1 正解

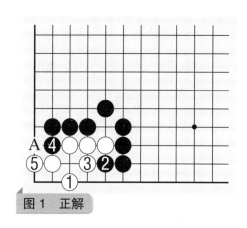

图1 正解

白1尖是做活的急所，黑2时，白3挡，黑4时，白5下立，白棋即可活。其中白5下在A位扳同样可行。

图2 失败1

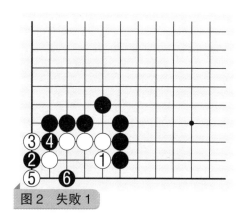

图2 失败1

白1挡是缺乏思考的下法，此时黑2托是好棋，白3时，黑4先手挤后，黑6点，白棋不活。

图3 失败2

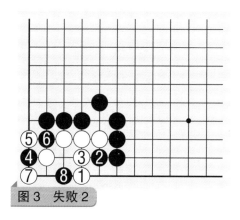

图3 失败2

白1单跳看似可行，其意为黑棋在6位攻击时，白棋在4位下立，这样白棋可活。但黑2拐，白3挡时，黑4托，以下至黑8，白棋不活。

问题 57

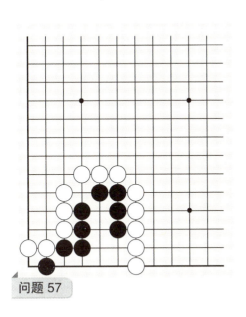

问题 57

黑先。本题中黑棋的生存空间看起来不太大，要做出两只眼确实有点困难。请问黑棋如何才能确保做活？

问题 58

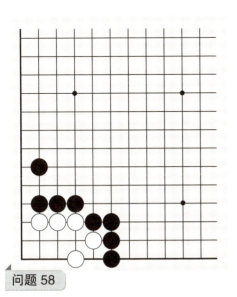

问题 58

白先。在本题中白棋有两种选择，一是选择拓展空间，另一是选择抢占要点。那么请问白棋如何才能确保做活？

问题 57 解说

图 1 正解

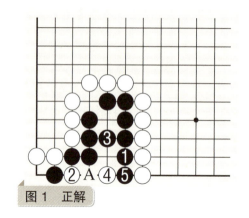

图 1 正解

黑 1 挡是必然的一手，白 2 扑时，黑 3 做眼，白 4 点时，黑 5 又是要领，白棋由于 A 位不能连接，因而黑棋可活。

图 2 变化

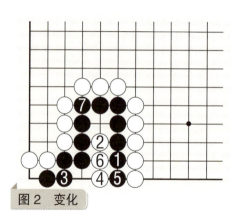

图 2 变化

黑 1 时，白 2 点很有力，此时黑 3 接是好棋，白 4 点时，黑 5 断，白 6、黑 7 后，双方下成双活。

图 3 失败

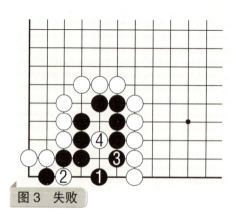

图 3 失败

黑 1 尖，白 2 破眼，黑 3 时，白 4 点，黑棋不活。

问题 58 解说

图 1 正解

白 1 是急所，黑棋对此缺少攻击手段。黑 2 先手打，白 3 连接即可。

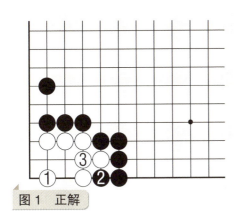

图 1 正解

图 2 失败 1

白 1 做眼不成立，黑 2 点严厉，白棋没有活路。

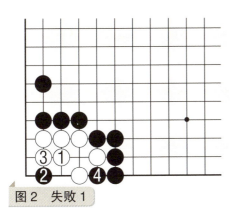

图 2 失败 1

图 3 失败 2

白 1 立，结果如何？此时黑 2 点是急所，白 3 抵抗，黑 4、6 又是得当的攻击手段，白棋难免一死。其中黑 4 如下在 5 位，白棋下在 4 位，白棋可活。

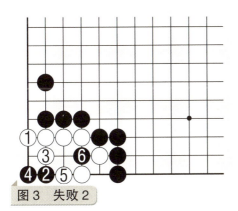

图 3 失败 2

问题 59

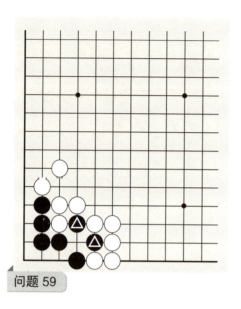

黑先。黑棋在本题中救回黑▲二子是否可行？如何下才能确保做活？

问题 60

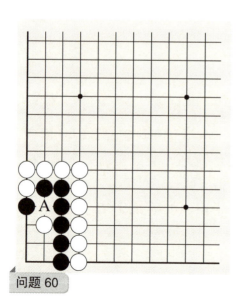

黑先。黑棋如何下才能防备白棋在 A 位断，并确保做活？

问题59 解说

图1 正解

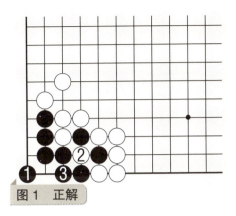

黑1是本题的急所，也是黑棋做活的唯一方法。白2时，黑3连接，黑棋可活。

图2 失败1

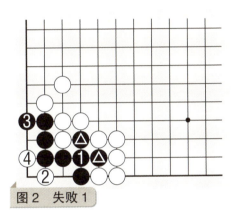

黑1接回△二子因小失大，白2、4后，角上成"盘角曲四"，黑棋净死。

图3 失败2

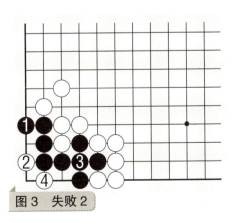

黑1立的结果与图2相同，白4后，角上也成"盘角曲四"。白2若于3位提，黑下2位，黑棋净活。

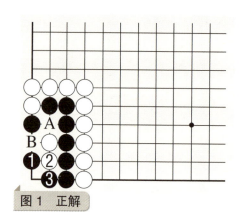

图1 正解

问题60 解说

图1 正解

黑1是既防A位断点又确保做活的一举两得的好棋。白2若于A位断，黑2位或B位应均可。

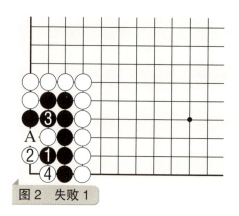

图2 失败1

图2 失败1

此黑1的作用远不及正解中的黑1，白2扳至白4做劫，黑棋只好打劫活。其中黑3如下在4位，白A应后，黑棋净死。

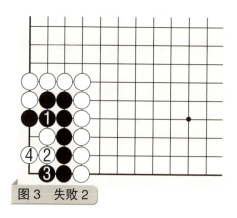

图3 失败2

图3 失败2

黑1接过于轻率，白2、4后，黑棋不活。

下篇

杀棋

问题 61 ▶

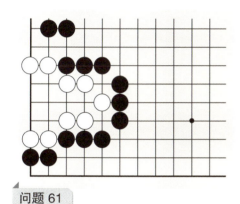

问题 61

黑先。本题中白棋可以说两边同形，那么黑棋攻击的急所是否在中央呢？请问黑棋应如何选择？

问题 62 ▶

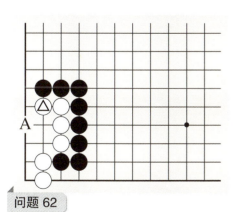

问题 62

黑先。白△挡，当然是谋求做活，但这手棋实际上下在 A 位为好。请问黑棋如何攻击白棋？

问题 61 解说

图 1 正解

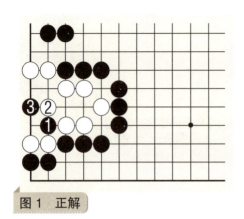

图 1 正解

黑 1、3 是攻击的手段,白棋遭此一击后已无力回天。

图 2 失败

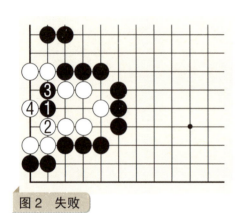

图 2 失败

黑 1 虽是两边同形走中央,但这手棋明显缺乏计算,以下至白 4,白棋可活。

图 3 其他例子

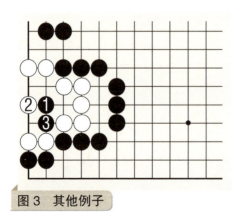

图 3 其他例子

本图中的棋形与问题图中的棋形略有区别,这才是真正可以应用"两边同形走中央"的棋形。图中的黑 1 点可以吃住白棋。

问题 62 解说

图 1 正解

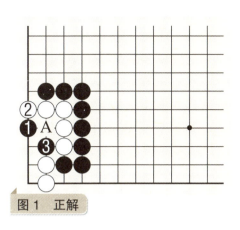
图 1 正解

黑 1 点是痛击白棋的好手，白 2 切断时，黑 3 断是最后的胜利宣言。白棋 A 位不入气，是黑 1 的效果。

图 2 失败 1

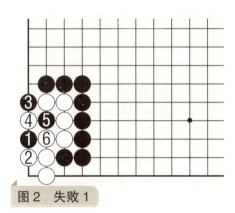
图 2 失败 1

黑 1 点入，看似力量十足，但无收效。白 2 应冷静，黑 3 渡过时，白 4、6 扑吃接不归，结果白棋可活。

图 3 失败 2

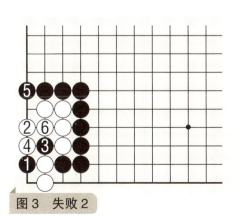
图 3 失败 2

黑 1 夹，在本图不成立。白 2 是急所，至黑 5，黑棋吃不住白棋。

问题 63 ▶▶

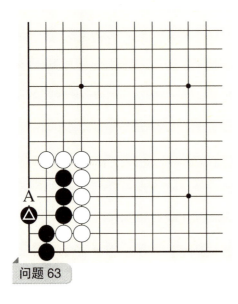

问题 63

白先。本题中的黑白双方的地位虽发生了变化,但棋形与"问题62"的有些相似。现在的形势是黑▲虎,其实正确的下法是下在 A 位。请问白棋如何攻击黑棋?

问题 64 ▶▶

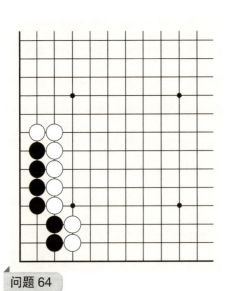

问题 64

白先。本题中的黑棋看似生存空间很大,但白棋只要看清黑棋的弱点,给予致命一击,黑棋将无法做活。请问白棋应如何选择?

问题63 解说

图1 正解

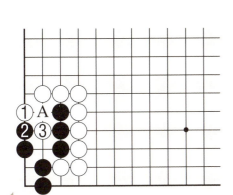

图1 正解

白1尖是巧妙的下法，白棋这种看似后退一步的下法有时更有力量。黑2时，白3挖可以成立，结果黑棋不活。其中黑2如果下在A位，白棋下在2位，结果仍是黑棋净死。

图2 失败1

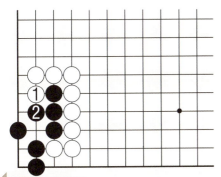

图2 失败1

白1冲，实际上不过是个先手小官子，黑2挡后，安然活出。

图3 失败2

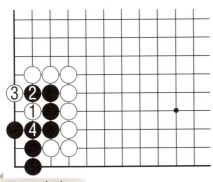

图3 失败2

白1或许是实战中出现最多的错误，黑2、4进行后，即可发现白1的失败所在。

问题 64 解说

图 1 正解

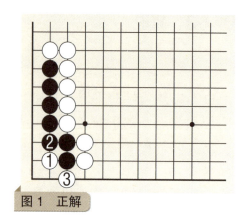
图 1 正解

白 1 夹虽是很平常的下法，但在实战中很多人却想不到，对此黑棋没有好的应法。黑 2 如果连接，则白 3 渡过，后续变化见图 2。

图 2 正解继续

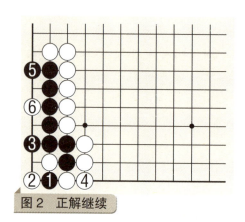
图 2 正解继续

其后黑 1 扑，白 2 提，黑 3 下立进行抵抗，白 4 连接，至白 6，黑棋肯定不活。

图 3 失败

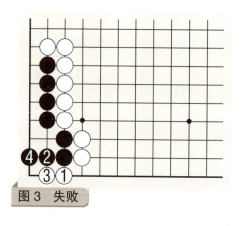
图 3 失败

白 1 扳，此时黑 2 退是好棋，黑棋由此可以逃脱厄运。白 3 时，黑 4 可以做活。

问题 65

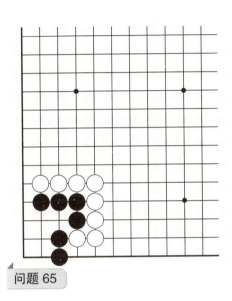

白先。本题是基本死活的一种，白棋只要能发现第一手棋，其后的攻击过程就很简单了。请问白棋应如何选择？

问题 65

问题 66

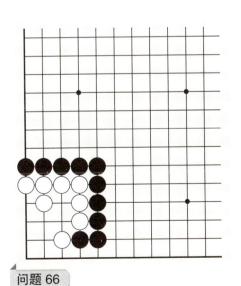

黑先。本题的棋形看起来有点别扭，其实黑棋只要选择正确，能一着就置对方于死地。请问黑棋应如何选择？

问题 66

问题 65　解说

图 1　正解

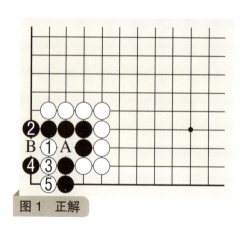

图 1　正解

白 1 夹严厉，黑 2 必然切断，此时白 3 是极其漂亮的一手，黑 4、白 5 后，白棋在 A 位和 B 位均有断头，因此黑棋净死。

图 2　失败 1

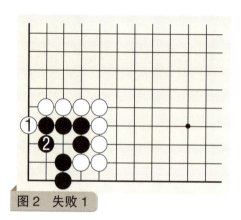

图 2　失败 1

白 1 扳无味，黑 2 补一手后，白棋缺少后续手段。

图 3　失败 2

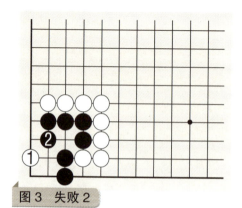

图 3　失败 2

白 1 点入无理，黑 2 补同样是好棋。可见，2 位是本题中双方攻防的要点。

问题 66　解说

图 1　正解

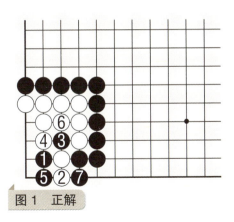
图1　正解

黑 1 夹是可置对方于死地的一手。白 2 下立，黑 3 断又是绝妙的破眼手段，白 4 无奈只好打吃，黑 5、7 后，白棋只好投降。

图 2　变化

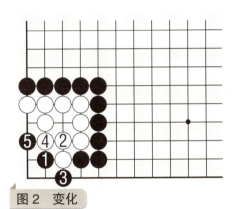
图2　变化

黑 1 时，白 2 如果连接，黑 3 可以渡过，其后白 4 时，黑 5 扳即可。其中白 4 如下在 5 位，黑棋下在 4 位，白棋同样不活。

图 3　失败

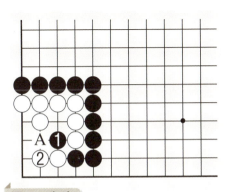
图3　失败

黑 1 先断次序错误，白 2 是冷静的好棋，可以消除黑棋的所有手段。其中白 2 如果下在 A 位，黑棋 2 位断，又还原成正解。

问题 67

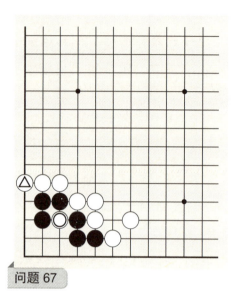

白先。这实际上是一个在一线下立的白△一子和已被黑棋吃住的白◎一子如何协作的问题。请问白棋应如何选择?

问题 68

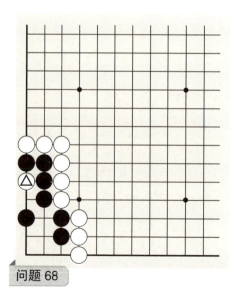

白先。本题中的黑棋由于已吃住白△一子,因而已在上方确保了一只眼,白棋要吃住黑棋,只有在下方破眼。请问白棋应如何攻击黑棋?

问题 67 解说

图 1　正解

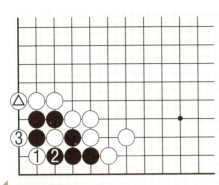

图 1　正解

白 1 扳是攻击的急所，黑 2 提子时，白 3 渡过，黑棋转眼间失去了做活的可能。

图 2　变化

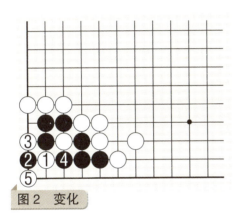

图 2　变化

白 1 时，黑 2 抵抗同样不行，此时白 3 扑巧妙，以下黑 4、白 5，结果同正解。

图 3　失败

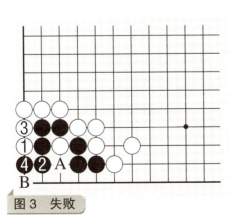

图 3　失败

白 1 是希望黑在 4 位应，然后白 2、黑 A、白 B，黑棋不活，但实际上一厢情愿。本图中的黑 2 是冷静的好棋，白 3 连接时，黑 4 挡，黑棋活得很大。

问题 68 解说

图 1 正解

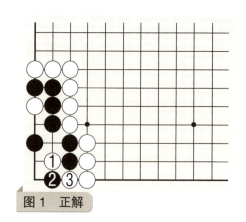
图 1 正解

白 1 夹有力，黑棋对此已无有效的防卫手段。黑 2 时，白 3 打吃，黑棋净死。

图 2 失败 1

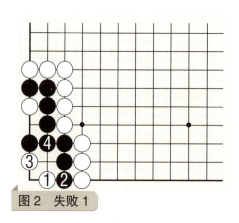
图 2 失败 1

白 1 点，渗透力不够，黑 2 断，白 3 先手利用，黑 4 连接后，双方下成双活。对此结果，白棋当然不满意。

图 3 失败 2

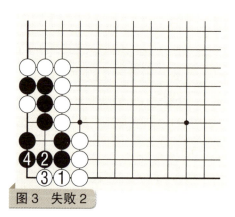
图 3 失败 2

白 1 冲，不可能吃住黑棋。黑 2 退，即可安然做活。其后白 3 继续冲时，黑 4 补棋即可。

问题 69 ▶

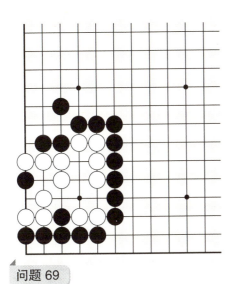

问题 69

黑先。黑棋如欲吃住白棋，其着眼点应在右边。那么请问黑棋应如何选择？

问题 70 ▶

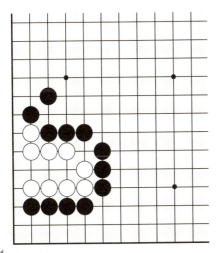

问题 70

黑先。在本题中黑棋如何才能吃住白棋？步步紧逼、层层压缩是黑棋应遵循的原则。

问题69 解说

图1 正解

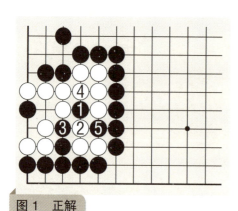

图1 正解

黑1挖是巧妙的攻击方法，白2时，黑3、5破眼，由此可以吃住白棋。其中黑3与黑5位置互换同样可行。

图2 失败1

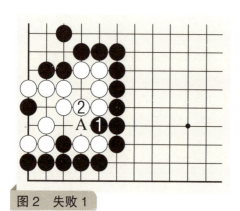

图2 失败1

黑1打，其意在白A挡时，再于2位打，其实这只是黑棋单方的想法。实际上白2只要舍弃二子，即可简单做活。

图3 失败2

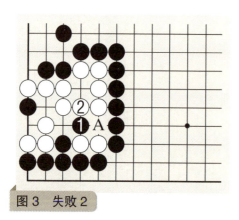

图3 失败2

黑1同样是失败之举，是想白A时，黑2位打吃，从而吃住白棋。但白棋有白2退守的下法，结果黑棋只能以失败告终。

问题 70 解说

图 1 正解

黑 1 扳压缩白棋，是攻击的前奏曲。白 2 挡时，黑 3 继续扳，其后黑 5 点是致命一击。本题的次序虽然简单，但如不能发现黑 1 的下法，便无法解决问题。

图 1 正解

图 2 失败 1

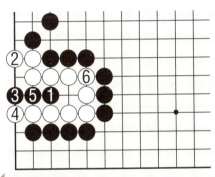

黑 1 先点次序错误，此时白 2 下立是好棋，其后黑 3、5 攻击，白 4、6 应对，双方下成双活。

图 2 失败 1

图 3 失败 2

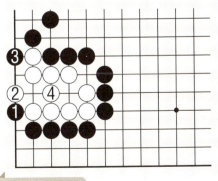

黑 1 扳，方向完全错误，白 2 挡后，黑棋已不可能吃住白棋。

图 3 失败 2

问题 71

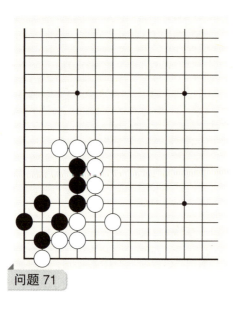

问题 71

白先。白棋只要按照"三子中央必是急所"的格言攻击黑棋，即可解决问题。请问白棋应如何选择？

问题 72

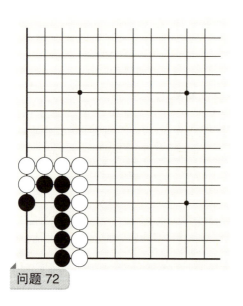

问题 72

白先。本题中的黑方棋形富有弹性，白棋要对其实施攻击并非易事。白棋的第一手棋极其关键，最佳的结果是双方下成打劫。请问白棋应如何选择？

问题 71 解说

图 1 正解

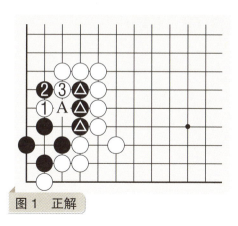
图 1 正解

白 1 正是黑△三子的中央，黑 2 夹，白 3 切断可以成立，黑棋的弱点是 A 位不入气，结果黑棋净死。

图 2 失败 1

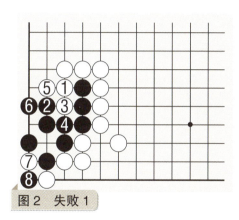
图 2 失败 1

白 1 拐过于平常，无法净杀黑棋。黑 2 双是好棋，白 3 以下至黑 8，双方不可避免地下成打劫。

图 3 失败 2

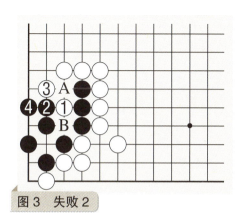
图 3 失败 2

白 1 与图 2 相似，黑 2 同样是好的防守方法，白 3、黑 4 时，如果经过白 A、黑 B，将又还原成图 1 的进行。因此，吃住黑棋的唯一手段只有正解中的白 1。

问题72 解说

图1 正解

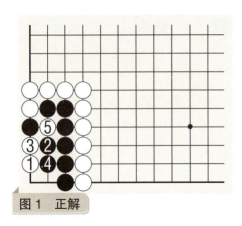

图1 正解

白1点是攻击的急所，黑2、4后，双方下成打劫。这也是双方的最佳进行。

图2 失败1

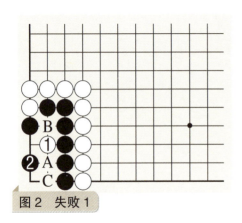

图2 失败1

白1点是失败之举，黑2抢占急所，结果黑棋可活。黑2这手棋如下在A位，则白棋下在2位，其后黑B、白C，双方又下成打劫。

图3 失败2

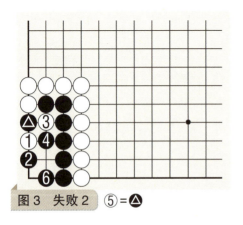

图3 失败2　⑤=△

白1打吃，其意是让黑棋在3位连接，从而可以吃住黑棋，但实际上这是白棋单方的想法。黑2反打，以下至黑6，黑棋可活。

问题 73

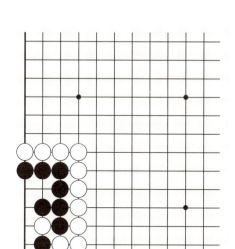

问题 73

白先。很多人初看本题都会认为黑棋已经净活，但实际上双方可以下成打劫。请问白棋应如何选择？

问题 74

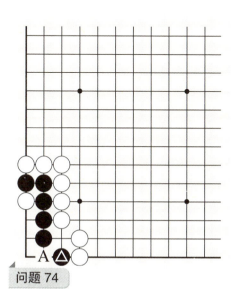

问题 74

白先。黑▲一子的位置存在缺陷，如果是下在 A 位，白棋肯定不可能再吃黑棋。那么请问白棋如何利用黑棋的缺点对其实施攻击？

问题 73 解说

图 1 正解

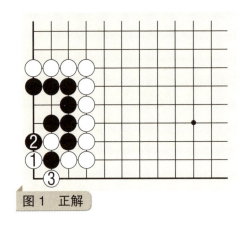

图 1 正解

白1打吃严厉,黑2提,白3再打,双方下成打劫。这也是双方的最佳进行。

图 2 变化

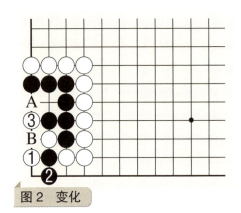

图 2 变化

白1时,黑2下立不好,此时白3扳,黑棋由于不能在A位打吃,因而只能在B位提劫。与正解中的套劫相比,本图中的单劫对白棋有利。

图 3 失败

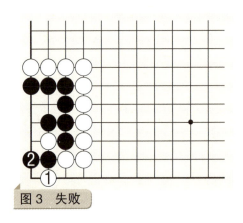

图 3 失败

白1从下边打吃,非常可惜。黑2下立后,黑棋已无任何缺点,不仅可活,而且活得还不小。

问题 74 解说

图 1 正解

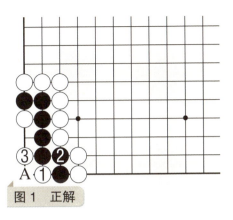
图 1 正解

白 1 扑是绝妙的攻击方法，黑 2 时，白 3 可以做劫。A 位的劫争将决定黑棋的生死。

图 2 变化

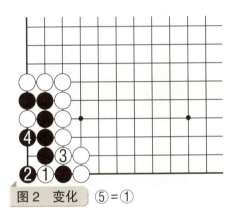
图 2 变化　⑤=①

白 1 时，黑 2 如果提子，白 3 打吃，结果又下成打劫。与正解相比，正解是黑棋先提劫，而本图是白棋先提劫，因此正解对黑棋来说是最佳进行。

图 3 失败

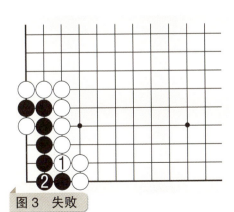
图 3 失败

白 1 打吃，黑 2 连接后，黑棋任何麻烦也不会发生。由此可以看出正解中白 1 的精彩之处。

问题 75

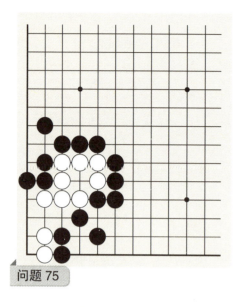

黑先。本题的棋形大概大家很熟悉，黑棋只要发现攻击白棋的第一手棋，就会很自然地解决问题。请问黑棋应如何选择？

问题 76

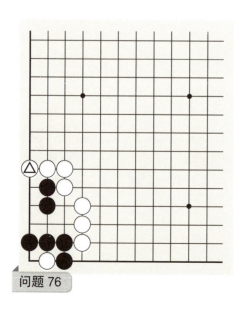

白先。白△这一子作用很大，那么请问白棋如何充分利用△一子来破黑棋眼位？

问题 75 解说

图 1 正解

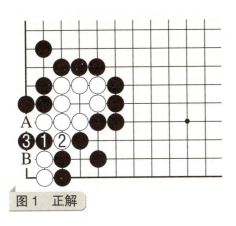

图 1 正解

黑棋如能发现黑 1 挖这手棋，即可解开本题。白 2 时，黑 3 下立即可，白棋 A 位和 B 位均不入气，只能束手就擒。

图 2 变化

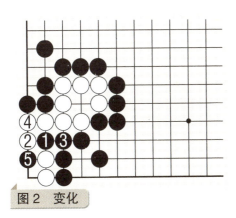

图 2 变化

黑 1 挖时，白 2 如果从一线打吃，黑 3、5 是很自然的攻击方法，白棋同样不活。

图 3 失败

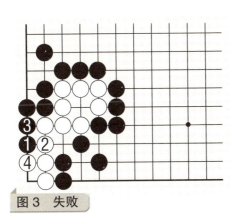

图 3 失败

黑 1 只不过是官子下法，白 2、4 即可简单做活。

问题 76 解说

图 1 正解

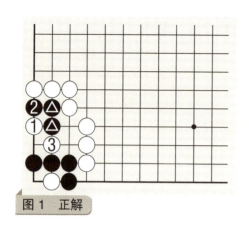

图 1 正解

白1是奇妙的想法，别看黑▲两子并连，但黑2切断时，白3可破眼，结果黑棋不活。

图 2 变化

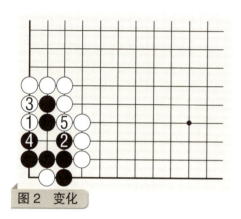

图 2 变化

白1时，黑2如果抵抗，白3、5攻击后，白棋同样可以吃住黑棋。由此也可以看出白1的作用。

图 3 失败

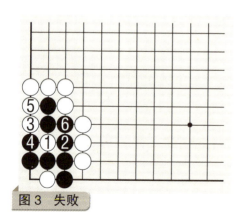

图 3 失败

白1挖看似急所，但实际上是次序错误，黑2挡，以下至黑6，黑棋可活。

问题 77

白先。在本题中白棋如何才能置黑棋于死地？

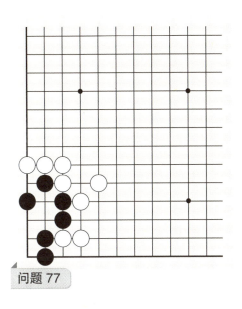

问题 77

问题 78

黑先。黑▲点时，白△应，其后黑 A 如果打吃，白棋不接而下 B 位，白棋明显是活棋。那么请问黑棋应如何攻击白棋？

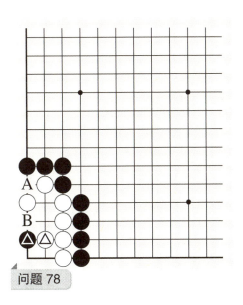

问题 78

问题77 解说

图1 正解

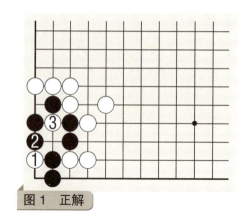

白1点严厉,黑2应时,白3扑,黑棋即不活。

图2 失败1

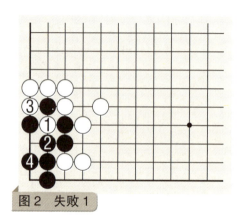

白1先扑,虽然显得强有力,但其结果不及正解。黑2、白3时,黑4可以做眼,结果双方不可避免地下成打劫。

图3 失败2

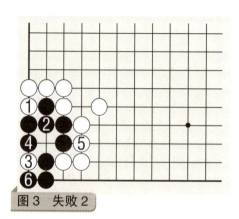

白1直接打吃,不可能吃住黑棋。黑2连接之后,黑棋已具备了做活的条件。其中白3如果下在4位,黑棋下在3位,结果一样。

问题78 解说

图1 正解

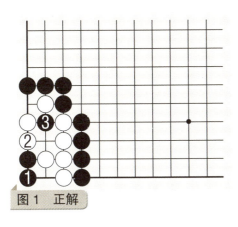

图1 正解

黑1是攻击的妙着,白棋对此缺少对策。白2时,黑3扑是关键,白棋不活。其中白2如果下在3位,黑棋下在2位,白棋同样不活。

图2 失败1

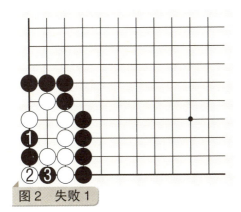

图2 失败1

黑1操之过急,白2做劫后,双方下成打劫。由此也可以看出,本图中的白2和正解中的黑1所起的作用。

图3 失败2

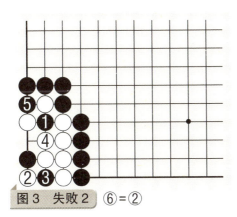

图3 失败2 ⑥=②

黑1先扑次序错误,白2后,黑3、白4、黑5均是必然下法,双方下成打劫。

问题 79 ▶▶

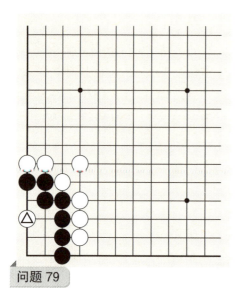

问题 79

白先。由于在黑棋的阵营中已有白△一子的存在,因此现在攻击黑棋就相对简单了。不过白棋在行棋时,应尽量避免下成打劫。请问白棋应如何选择?

问题 80 ▶▶

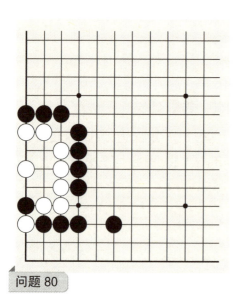

问题 80

黑先。在本题中黑棋要攻击白棋,感觉上不很容易,其实只要黑棋能掌握本题的关键,即可轻松解决问题。请问黑棋应如何选择?

问题79 解说

图1 正解

白1尖，一下子黑棋就失去了任何抵抗手段。黑2时，白3避免打劫，结果黑棋不活。

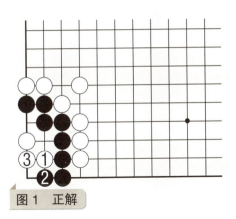

图1 正解

图2 变化

白1时，黑2如欲做劫，白3提即可，黑4打吃时，白5接上，黑棋同样不活。

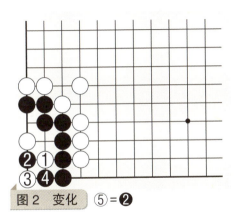

图2 变化 ⑤=❷

图3 失败

白1不好，黑2顶是急所，白3时，黑4做劫，双方成打劫的棋形。其中白1如果下在4位，黑棋下在2位，白棋再下1位，成双活。白3如下在4位，同样是双活。白棋如要净杀黑棋，正解中的白1是唯一的选择。

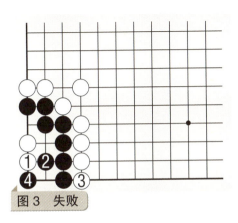

图3 失败

问题80 解说

图1 正解

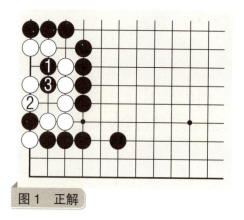

图1 正解

黑1点是急所,相反这一位置如被白棋占据,白棋肯定可活。白2提子时,黑3破眼,白棋无法抵抗。

图2 失败1

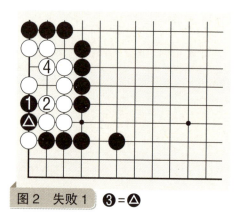

图2 失败1　❸=△

黑1错误,白2提子,其后黑3扑时,白4做眼即活。

图3 失败2

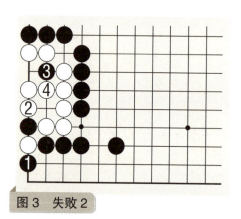

图3 失败2

黑1提子,等于自己放弃了攻击白棋的机会。白2、4可安全做活。

问题 81 ▶

黑先。黑棋如要攻击白棋，必须有创造性的构想。第一手棋非常重要，并且第三手棋也很关键。请问黑棋应如何选择？

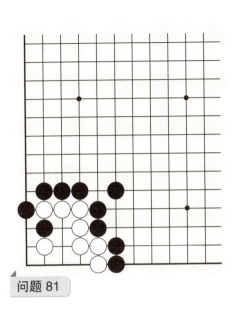

问题 81

问题 82 ▶

白先。白棋在攻击时，可 A 位扑，黑棋右边形不成真眼。但要吃住黑棋，在白 A 扑前，还有准备工作要做。那么请问白棋应如何选择？

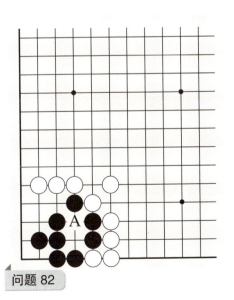

问题 82

问题 81 解说

图 1 正解

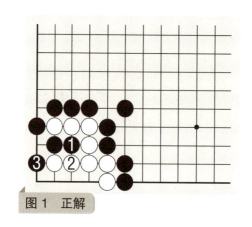
图1 正解

黑1长，逼迫白2打吃，是黑棋的创造性构想。其后黑3扳又是好棋，白棋对此束手无策。

图 2 失败 1

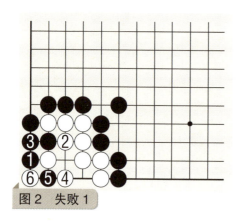
图2 失败1

黑1虎过于平淡，这一下法谁都会考虑到。白2打吃是当然的，黑3连接，白4也只此一手，其后黑5、白6成劫。与正解相比，差别很大。

图 3 失败 2

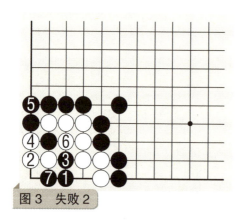
图3 失败2

黑1点，看似严厉，但并非本题的焦点所在。此时白2下立是好棋，黑3继续攻击时，白4、6应对，至黑7，黑棋后手双活。

问题 82 解说

图 1 正解

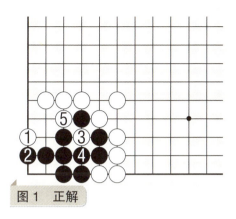

图 1 正解

白 1 飞是必要的次序，先手与黑 2 交换是杀黑的前提。其后白 3 扑，至白 5，黑棋不活。

图 2 白败

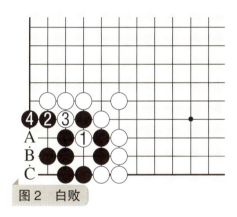

图 2 白败

白 1 先扑次序错误，而黑 2 是好棋，白 3 提子时，黑 4 或黑 A 均活。其中白 3 如果下在 A 位，黑棋下 4 位，白 B 时，黑 C 应即可。

图 3 黑败

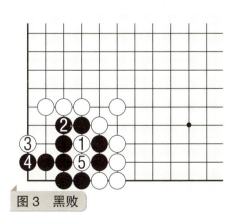

图 3 黑败

白 1 时，黑 2 连接是错着，其后白 3 先手与黑 4 交换，再白 5 提子，结果黑棋不活。

问题 83

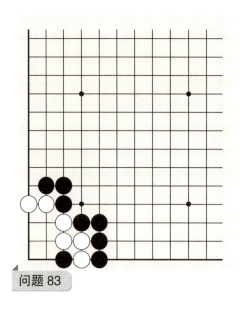

问题 83

黑先。在本题中黑棋不妨换一个角度来考虑问题，即站在白棋的立场考虑应如何做活，其正确答案就不难发现。请问黑棋应如何选择？

问题 84

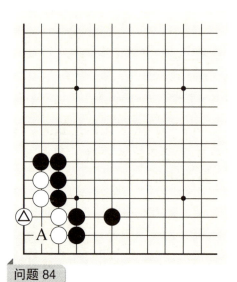

问题 84

黑先。本题中的白△一子如果下在 A 位，白棋已净活。那么黑棋如何利用白棋的失误进行攻击呢？

问题 83　解说

图 1　正解

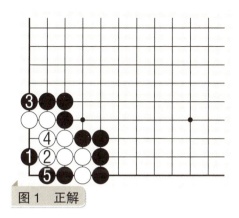

图 1　正解

黑 1 点是攻击的急所，白棋为了防止倒扑只好 2、4 应，至黑 5，角上成"盘角曲四"，白棋不活。

图 2　失败 1

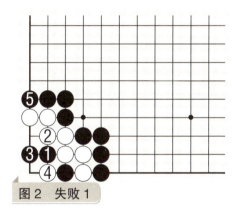

图 2　失败 1

黑 1 打吃不好，白 2、4 应，黑 5 挡，结果下成双活。

图 3　失败 2

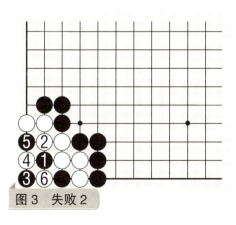

图 3　失败 2

黑 1、白 2 之后，黑 3 想做劫，但白 4 扑、6 提后，此处下成"摇橹劫"，等于白棋净活。

问题 84 解说

图 1 正解

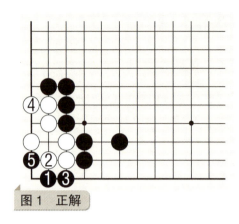
图 1 正解

黑 1 点是攻击白棋唯一可行的选择，白 2 不得已只有后退，其后黑 3、白 4 均是必然的次序，至黑 5，双方下成打劫。这是双方的最佳进行。

图 2 变化

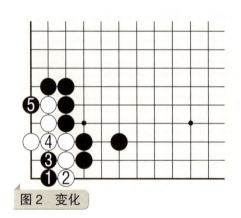
图 2 变化

黑 1 时，白 2 切断无理，黑 3 长是先手，白 4 连接后，白棋只后手成一眼，至黑 5 扳，白棋不活。

图 3 失败

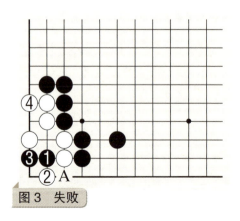
图 3 失败

黑 1 夹，此类下法我们经常可以看到，但白 2 扳后，白棋只要在 3 位或 4 位中居其一即可活。其中黑 1 下在 A 位扳，被白 2 挡后，黑棋同样失败。

问题 85

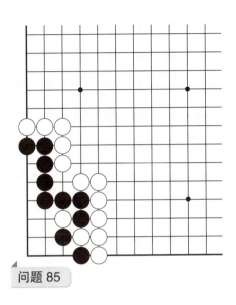

问题 85

白先。在本题中白棋应如何充分利用已被黑棋吃住的一个白子来攻击黑棋？如果下成打劫，对白棋来说就意味着失败。

下篇 杀棋

问题 86

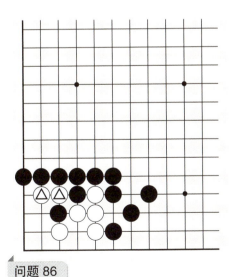

问题 86

黑先。黑棋在本题中如果仅仅满足于吃住白△二子，那么棋力就很难提高了。请问黑棋如何攻击白棋？

问题 85 解说

图 1 正解

白 1 打吃，迫使黑 2 提子，此时白 3 下立是致命一击，结果黑棋不活。

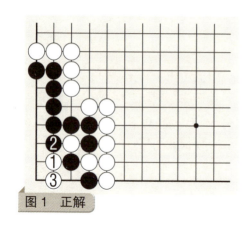

图 2 失败 1

正解中的白 3 如果下成本图中的白 1 提子，此时黑 2 扑是常用手法，白 3 时，黑 4 下立，白 5 必然点，黑 6 做劫吃接不归，双方下成打劫。

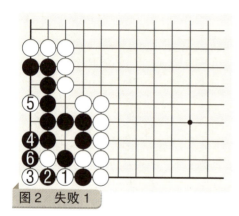

图 3 失败 2

白 1 单纯地提一子没有意义，黑 2 长后，黑棋已活。

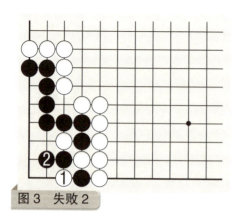

问题 86 解说

图 1 正解

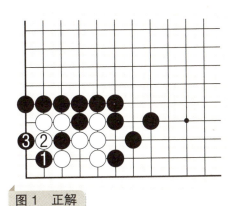

图 1 正解

黑 1 是正确的构想，白 2 只好提子，此时黑 3 渡过，白棋刹那间失去了眼位。

图 2 失败 1

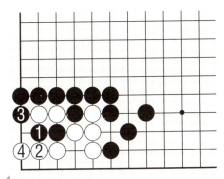

图 2 失败 1

黑 1 打吃白棋二子，缺少魄力，白 2 反打，黑 3 提子时，白 4 下立，白棋可活。如果实战中经常下出这样缺乏思考的棋，棋力是很难提高的。

图 3 失败 2

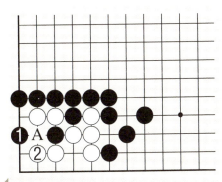

图 3 失败 2

黑 1 无趣，其意是让白在 A 位提子，然后黑棋下在 2 位，但这只是黑棋单方的设想。白 2 应后，黑棋失败。

问题 87

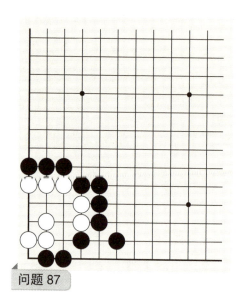

黑先。如果是实战，很多人或许会以为白棋已经净活，其实不然。请问黑棋应如何攻击白棋？

问题 88

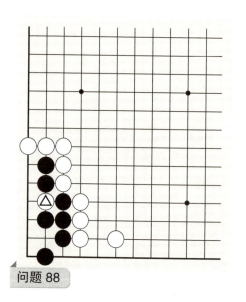

黑先。本题中的黑棋由于已吃住白△一子，看似已成活形，但实际上黑棋本身仍存在缺陷。请问白棋如何进行攻击？

问题 87 解说

图 1 正解

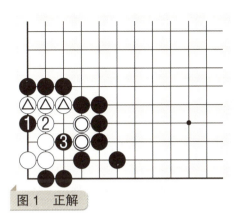

图 1 正解

黑 1 点是攻击白△与白○子的巧妙下法，白棋为了避免双叫吃，只能白 2 连接，此时黑 3 破眼即可。其中白 2 如果下在 3 位，黑棋下在 2 位，白棋同样不活。

图 2 失败 1

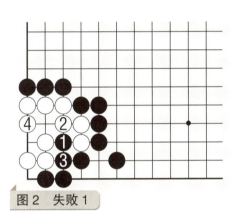

图 2 失败 1

黑 1、3 挖接只不过是官子下法，至白 4，白棋已经净活。

图 3 失败 2

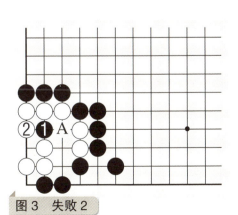

图 3 失败 2

黑 1 错误，白 2 补棋后，白棋可活。不过白棋应该注意，白 2 不能下在 A 位，否则让黑棋下在 2 位后，白棋不活。

问题88 解说

图1 正解

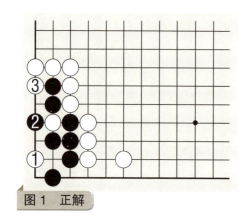
图1 正解

白1点是致命一击,黑2如果提子,白3冲是胜利的宣言,黑棋无法应。

图2 失败1

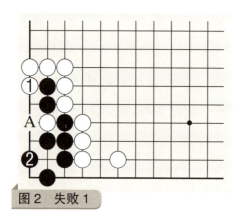
图2 失败1

白1先打吃,会错失机会。此时黑2做眼是好棋,黑棋已活。如果黑2在A位提子,被白棋下在2位,又还原成正解。

图3 失败2

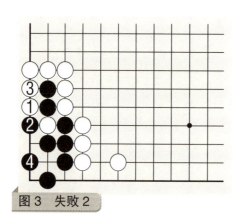
图3 失败2

白1错误,黑2提子后,白3还须连接,此时黑4可轻松做活。

正解中的白1是常用的手法,其应用范围较广,我们对此应熟记。

问题 89 ▶▶

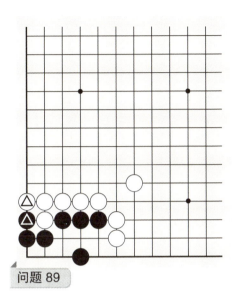

问题 89

白先。黑▲和白△如果没有交换，白棋肯定吃不住黑棋。请问白棋如何才能吃住黑棋？

问题 90 ▶▶

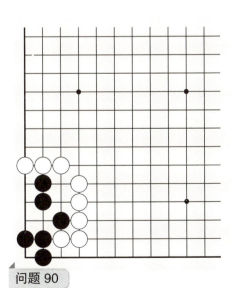

问题 90

白先。本题中的黑棋看似已很完整，但实际上存在重大缺陷。那么请问白棋应如何攻击黑棋？

问题 89 解说

图 1 正解

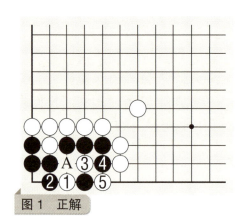

白1是出色的想法,如果能一下子发现这手棋,说明围棋水平已超过初级。黑2时,白3、5继续攻击,黑棋由于A位不入气,而只能束手就擒。

图 2 变化

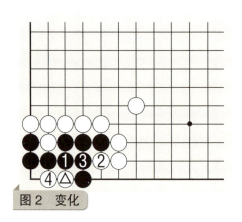

白⊙时,黑1如果连上,白2、4破眼后,黑棋仍然不活。其中黑1如果下在2位,白棋在1位断,黑棋也不活。

图 3 失败

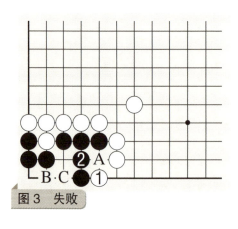

白1尖顶,无法给黑棋造成威胁,黑2补棋后,黑棋已很安全。其后白A时,黑B或黑C补棋,黑棋均可活。

问题90 解说

图1 正解

白1扑是利用黑棋缺点进行攻击的急所。黑2如果提子,白3冲后,即宣告了黑棋的死亡。

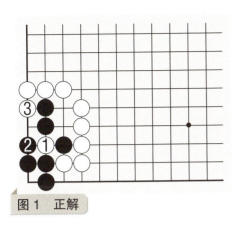

图1 正解

图2 变化

白1时,黑2如果连接,白3可以成立,结果仍是黑棋净死。

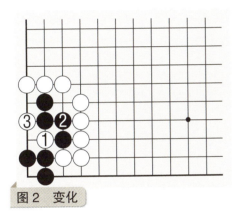

图2 变化

图3 失败

白1、3只不过是先手官子,黑2、4应对后,黑棋已活。

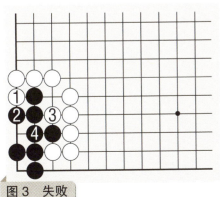

图3 失败

问题 91

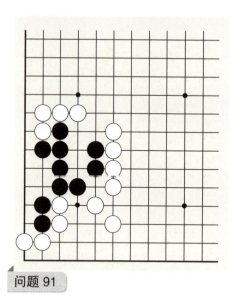

问题 91

白先。本题中的黑棋已在右边有一个完整的眼，因此白棋如要吃住黑棋，只有不让黑棋在左边成眼。请问白棋应如何选择？

问题 92

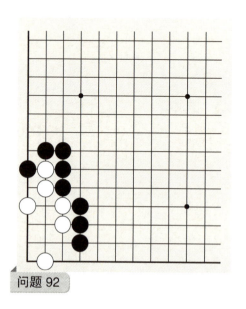

问题 92

黑先。很多人都会认为本题中的白棋已经活棋，其实不然。黑棋如果攻击得法，完全可以将白棋击溃。请问黑棋应如何选择？

问题 91 解说

图 1 正解

白 1 扳与黑 2 交换是必然的次序，其后白 3 攻击黑⚫二子。黑 4 时，白 5 破眼，黑棋不活。

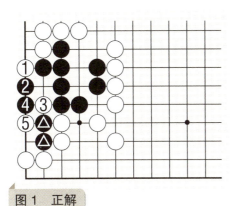

图 1 正解

图 2 变化

白 1 时，黑 2 如果倒虎，白 3 可以冲，黑 4 时，白 5 扑，黑棋同样不活。

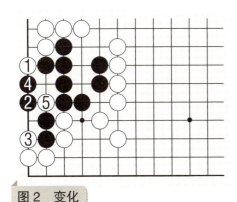

图 2 变化

图 3 失败

白 1 先断次序错误，黑 2 打吃，白 3 继续破眼，此时黑 4 提子，白棋无后续手段。其中白 3 如下在 A 位，黑棋下在 4 位，其后黑棋只要在 3 位或 B 位中居其一即可活。

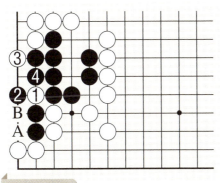

图 3 失败

问题92 解说

图1 正解

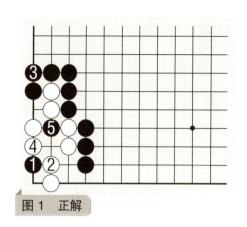

图1 正解

黑1点是急所，也是给白棋的致命一击。白2应时，黑3从容连接，白棋不好应。白4时，黑5扑，结果白棋不活。

图2 失败1

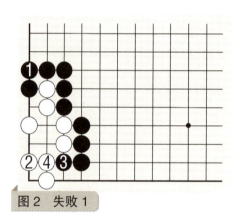

图2 失败1

黑1先接，被白2抢占急所后，黑棋的所有手段均不复存在。黑3时，白4挡即可。

图3 失败2

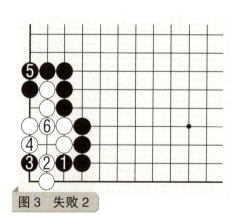

图3 失败2

黑1是俗手，白2可以挡，其后黑3攻击时，白4、6应对，白棋可活。由此我们可以看出次序的重要性。

问题 93

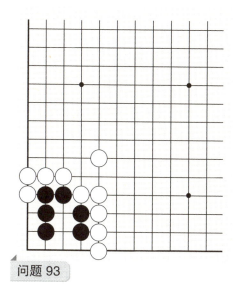

问题93

白先。本题中的黑棋看似已经净活，但外气全部被收紧是黑棋的致命弱点。请问白棋如何实施攻击？

问题 94

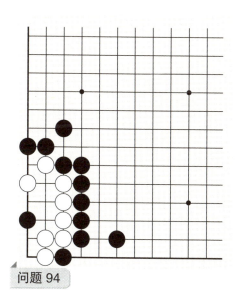

问题94

黑先。本题中白棋的生存空间看起来很大，而实际上黑棋的攻击方法却非常简单。请问黑棋应如何选择？

问题93 解说

图1 正解

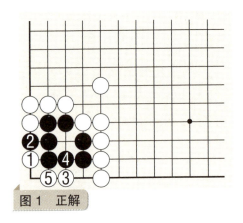

白1先迫使黑2断，然后白3点，是巧妙的次序。黑4时，白5爬又可以成立，结果黑棋仅成一只眼。在本题中，希望仔细品味一下白1与黑2交换的巧妙作用。

图2 变化

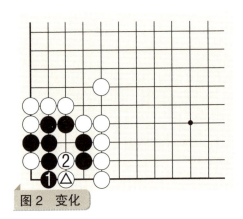

白△时，黑1如果挡，白2则可破眼，黑棋仍不活。因此下到白△时，黑棋不论如何努力，都无济于事。

图3 失败

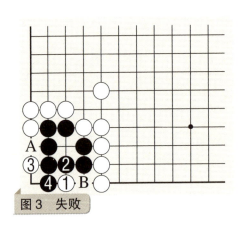

白1先点明显次序错误，黑2时再下白3，则黑4下立，其后黑棋只要在A位或B位中居其一即可活棋。

问题 94 解说

图 1 正解

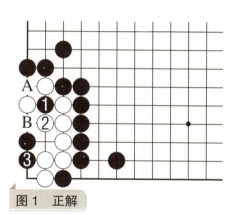

图 1 正解

黑 1 扑是攻击的第一步，白 2 如果提，黑 3 是致命一击，其后黑棋只要在 A 位或 B 位中居其一，白棋就不活。

图 2 失败

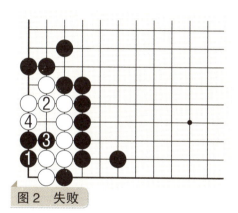

图 2 失败

黑 1 立即破眼次序错误，操之过急。白 2 应是好棋，黑 3 时，白 4 正确，结果下成双活。其中黑 3 如下在 4 位，白棋下在 3 位，同样是双活。

图 3 其他例子

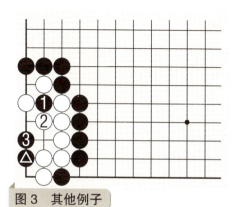

图 3 其他例子

本图与"问题 94"棋形相似，只不过黑△一子的位置低一路。我们在此举此例，目的是供大家参考。本图中黑 1 扑时，白 2 提子，黑 3 破眼，也可吃住白棋。

问题 95

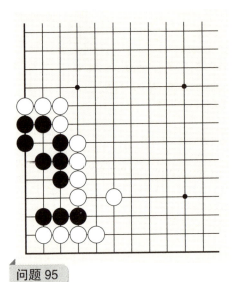

问题 95

白先。实战中类似的棋形经常出现，持白一方也许会认为黑棋已活，其实不然。请问白棋应如何选择？

问题 96

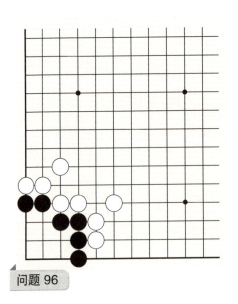

问题 96

白先。本题虽然简单，但白棋如果过于受棋形束缚，也很可能失败。本题主要是考验大家对一种常用手法是否熟悉。请问白棋如何选择？

问题 95　解说

图 1　正解

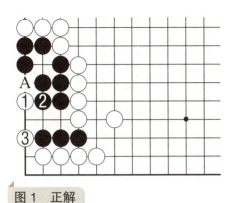

图 1　正解

白 1 点是严厉的攻击手段，黑 2 时，白 3 渡过，即可吃住黑棋。其中黑 2 如下在 A 位，白棋同样可以下在 3 位。

图 2　失败 1

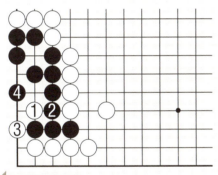

图 2　失败 1

白 1 夹，黑 2 是当然的选择，白 3 只有渡过，此时黑 4 可以抢占急所，白棋失败。

图 3　失败 2

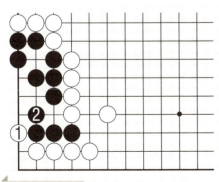

图 3　失败 2

白 1 单扳，根本不是攻击对方的下法，黑 2 曲最佳，黑棋可活。

问题96 解说

图1 正解

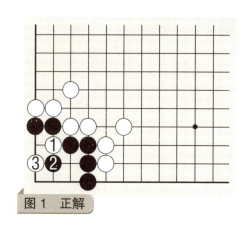

图1 正解

白1断吃是很平常的下法,但黑2反打时,白3要利用倒扑扳入方可吃住黑棋。

图2 失败1

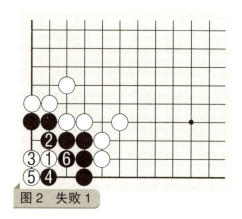

图2 失败1

白1点虽似棋形要点,但黑2连接,白3以下至黑6是必然的进行,结果下成打劫。

图3 失败2

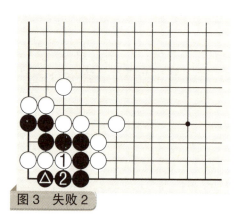

图3 失败2

黑△时,白1长也是失败的下法,黑2连接后,双方下成双活。

问题 97

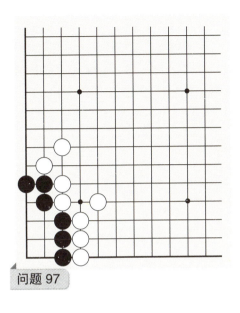

问题 97

白先。在本题中白棋能否无条件吃住黑棋呢？只要能发现第一手棋，其后的进行便简单得出奇。那么请问白棋应如何选择？

问题 98

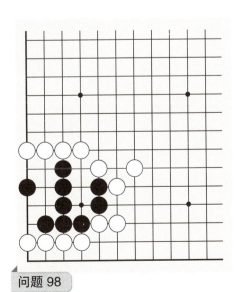

问题 98

白先。围棋死活的秘诀大部分都在一线，因此大家对此需多加关注，那样围棋死活水平将大大提高。请问白棋应如何选择？

问题 97 解说

图 1 正解

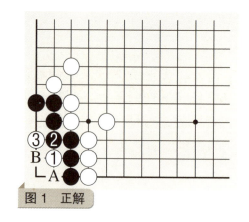

图 1 正解

白1是死活的急所，黑2只有应，白3扳后，黑棋不活。其后黑A时，白B连接即可。

图 2 失败 1

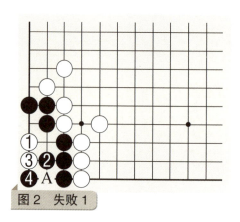

图 2 失败 1

白1点，此时黑2是急所，白3爬，黑4可以做劫，结果下成打劫。

图 3 失败 2

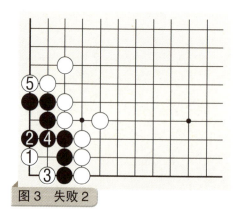

图 3 失败 2

白1点，虽然在很多情况下是急所，但在本图中不恰当。此时黑2尖是有效的防守，其后白3先手，至白5挡，结果下成双活。

问题 98 解说

图 1 正解

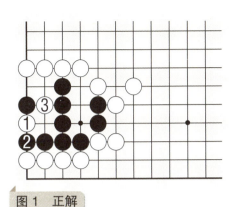

图 1 正解

白 1 是锐利的攻击手段，也是吃黑棋的唯一一手。黑 2 切断时，白 3 则是准备好的后续手段，以下已无须说明。

图 2 变化

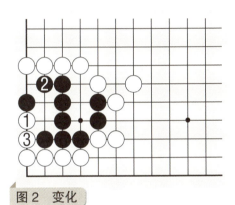

图 2 变化

白 1 时，黑 2 应，同样难免一死，白 3 连接即可。

图 3 失败

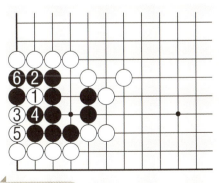

图 3 失败

白 1 挖次序错误，黑 2 是当然的，其后下白 3 已不能发挥作用，黑 4、6 进行后，黑棋净活。除此之外，白 1 如下在 2 位或 5 位，均不可能成功。

问题 99

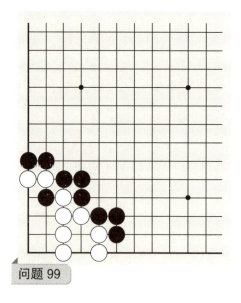

问题 99

黑先。在本题中黑棋如能正确运用倒扑的手段，将可迅速解决问题。请问黑棋应如何选择？

问题 100

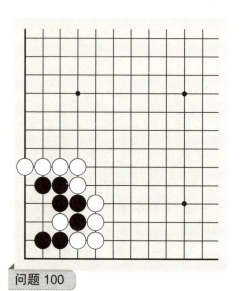

问题 100

白先。白棋一子已被黑棋吃住，那么白棋如何充分利用这一子对黑棋实施攻击呢？

问题99 解说

图1 正解

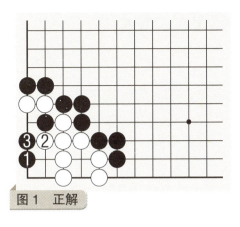

图1 正解

黑1点是攻击白棋的唯一方法，白2打吃时，黑3连回，由此可以吃住白棋。

图2 失败1

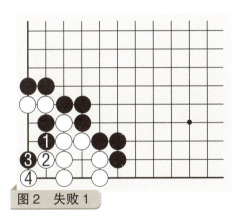

图2 失败1

黑1的下法很多人都会考虑到，白2时，黑3扳，但白4可以做劫抵抗，结果下成打劫。

图3 失败2

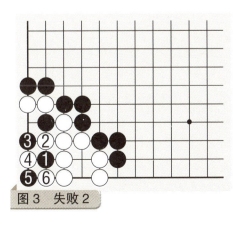

图3 失败2

黑1缺少计算，白2打吃，黑3扳渡时，白4扑，其后白6可以吃接不归。这是黑棋最坏的结果。

问题 100 解说

图 1 正解

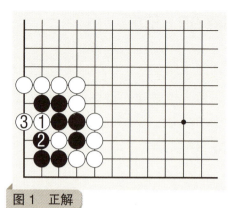

图 1 正解

白 1 打吃是极其严厉的攻击手段,黑 2 提子时,白 3 很自然地立下,黑棋由于吃不住白棋二子,因此黑棋不活。

图 2 失败

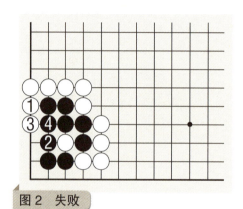

图 2 失败

白 1 打吃是未能发现问题实质的俗手,黑 2 提子后,白棋没有后续手段。以下白 3、黑 4,黑活。

图 3 其他例子

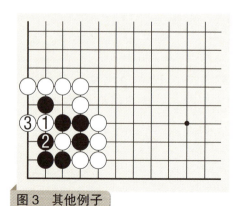

图 3 其他例子

本图与"问题 100"的棋形相似。白 1 打吃同样是本图的正解,黑棋对此同样无抵抗手段,至白 3,黑棋不活。

问题 101 ▶

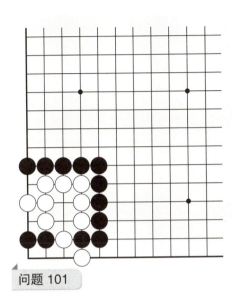

黑先。本题是考验大家的破眼能力。如果黑棋行棋次序不好，将会遭到白棋的顽强抵抗。那么请问黑棋应如何选择？

问题 101

问题 102 ▶

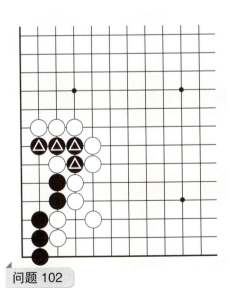

白先。如果在实战中能吃住黑▲四子，或许可以满足，但吃住整块黑棋是我们出题的目的。请问白棋应如何选择？

问题 102

问题101 解说

图1 正解

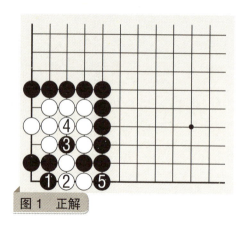
图1 正解

黑1是急所,能否发现这手棋将是黑棋可否成功的关键。白2只有连接,此时黑3扑是致命一击,其后黑5打,白棋不活。

图2 失败1

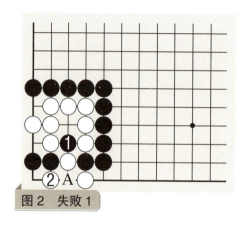
图2 失败1

黑1先扑,看似可行,其实不然。白2应后,双方下成打劫。其中白2如果下在A位,黑棋下在2位,又还原成正解的进行。

图3 失败2

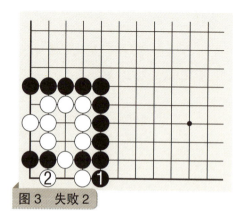
图3 失败2

黑1挡,此时白2做劫可以成立,黑棋失败。

问题 102 解说

图 1 正解

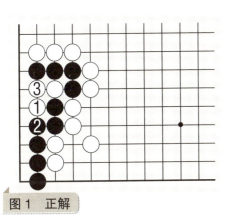

图 1 正解

白 1 打是巧妙的攻击手段，黑 2 时，白 3 接上，黑棋的生存空间已不够。

图 2 变化

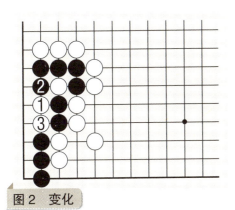

图 2 变化

白 1 时，黑 2 提是徒劳之举，白 3 打吃，白棋可一气吃上方黑棋，黑棋只得屈服。由此我们也可以体会到白 1 的巧妙所在。

图 3 失败

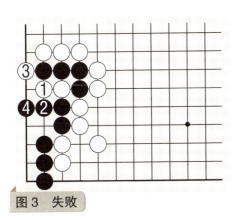

图 3 失败

白 1 打吃黑棋四子的下法缺乏远见，黑 2、4 进行后，黑棋可简单做活。

问题 103

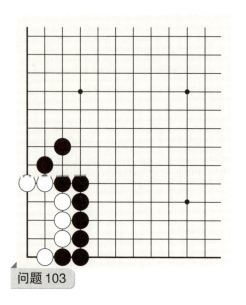

问题 103

黑先。本题中的选点有几处。黑棋是满足于与对方打劫，还是设法无条件吃住白棋？请问黑棋应如何选择？

问题 104

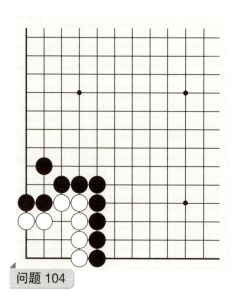

问题 104

黑先。本题的结论是双方下成打劫。请问黑棋应如何选择？

问题103 解说

图1 正解

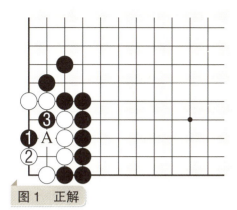

图1 正解

黑1点是无条件吃住白棋的妙手，白2时，黑3断，白棋不活。白2如果下在A位，黑棋在2位破眼是要领。

图2 失败1

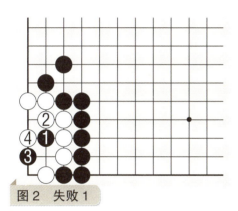

图2 失败1

黑1虽可说是一种常见下法，但在本图中不合适。此时白2连接很好，黑3时，白4可以做劫，双方下成打劫。其中黑3如果下在4位，白棋下在3位，白棋净活。

图3 失败2

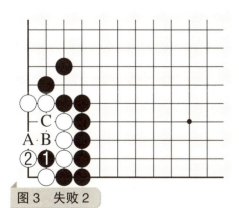

图3 失败2

黑1断打，白2做劫，双方同样下成打劫。其中黑1如下在2位点，经白A、黑B、白C后，双方又下成打劫。黑棋可消除白棋所有抵抗手段的下法唯有正解中的黑1。

问题 104 解说

图1 正解

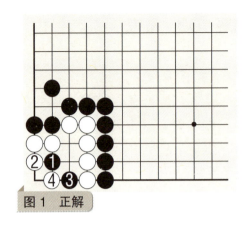

黑1夹并不难发现，白2应是最强手，黑3时，白4可以做劫。本题的变化比较少，问题也较容易。

图2 变化

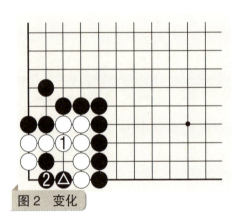

黑▲时，白棋若防倒扑而白1接，则黑2后，白棋净死。

图3 失败

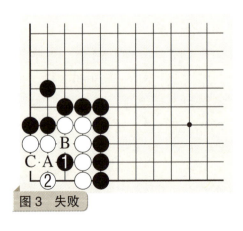

黑1点，是希望白棋在A位补棋，黑再下2位，接着白B、黑C，可以下成打劫。但白2应后，黑棋的幻想破灭了，白棋可净活。

问题 105

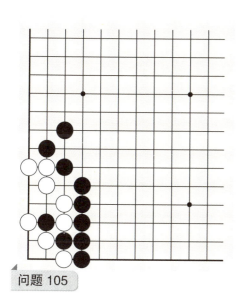

问题 105

黑先。黑棋如果认为与白棋下成打劫仍不满足，那就错了。黑棋只要能发现第一手棋，其后的进行就很简单了。黑棋应怎样下？

问题 106

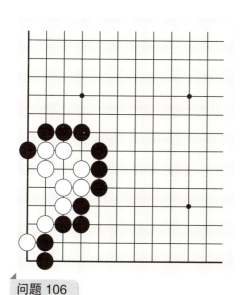

问题 106

黑先。在本题中黑棋如何避免白棋的抵抗，而无条件吃住白棋？

问题 105 解说

图 1 正解

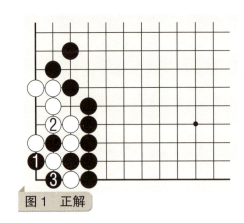

图 1 正解

黑 1 扑是攻击的急所，白 2 只能提，黑 3 提一子，双方下成打劫。

图 2 变化

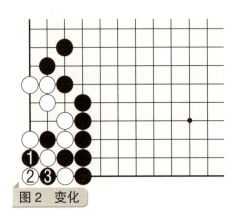

图 2 变化

黑 1 时，白 2 如果提子，黑 3 也提一子后，双方虽同样下成打劫。但目前需要白棋寻找劫材，因而白棋不及正解。在劫争中，先手劫总比后手劫强。

图 3 失败

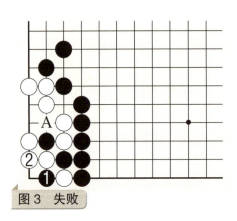

图 3 失败

黑 1 先提子，白 2 应是稳健的好棋，由此可以净活。但白 2 如果下在 A 位则轻率，黑棋下在 2 位，双方又还原成正解的进行。

问题 106 解说

图 1 正解

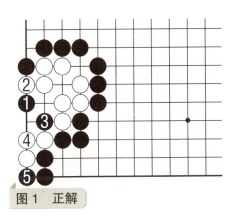
图 1 正解

黑 1 跳入是非凡的构想，白 2 断是必然的，此时黑 3 断打绝妙，至黑 5，黑棋可以粉碎白棋的所有抵抗手段。

图 2 失败

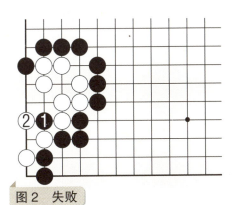
图 2 失败

黑 1 直接断打，白 2 可以做劫。从本图也可以看出正解的绝妙之处。

图 3 参考

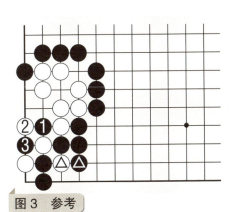
图 3 参考

如果白△与黑▲事先交换过，那么本图中的黑 1、白 2、黑 3 就是最佳选择了。

问题 107

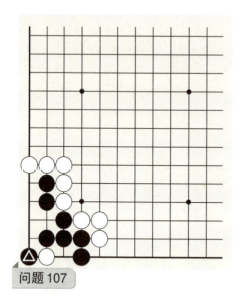

白先。提黑▲一子是白棋眼见的选择，那么白棋还有没有更好的下法呢？

问题 107

问题 108

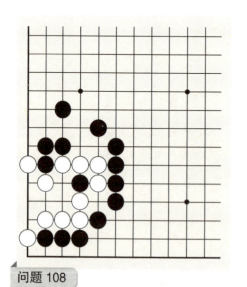

黑先。在本题中黑棋只考虑在有限的空间中选点就够了。那么请问黑棋如何攻击白棋？

问题 108

问题 107 解说

图 1 正解

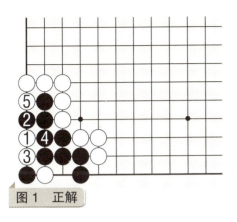

图 1 正解

白 1 点是攻击黑棋的妙手，黑 2 时，白 3 提子，黑 4 时，白 5 收气，黑棋已不活。

图 2 变化

图 2 变化

白 1 时，黑 2 如果团住，白 3 或白 A 之后，黑棋即不活。

图 3 失败

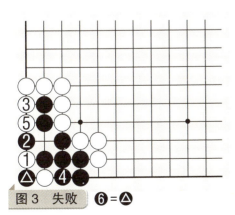

图 3 失败　⑥=△

白 1 先提，正中黑棋下怀，黑 2 反打时，白 3 破眼，黑 4 打后，黑棋已活。

问题108 解说

图1 正解

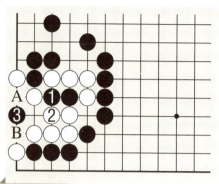

图1 正解

黑1扑是急所，白2提子，黑3可以点，其后A位或B位黑棋只要居其一，即可吃住白棋。

图2 变化

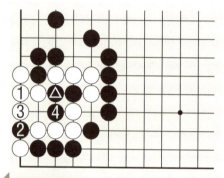

图2 变化

黑△时，白1若接一处，黑2、4破眼，白棋仅下成"曲三"，肯定不活。

图3 失败

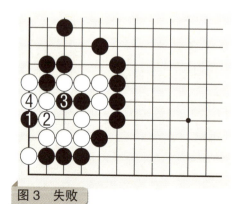

图3 失败

黑1先点，明显次序错误，白2连接后，黑棋的错误即已显现出来。其后的黑3已毫无意义，白4可做法。

问题 109

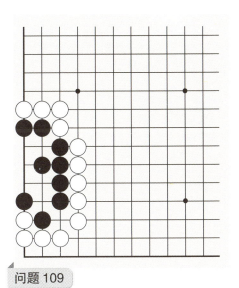

白先。在本题中白棋如果只想与黑棋下成打劫，将是轻而易举的事。那么请问白棋如何才能净杀黑棋？

问题 109

问题 110

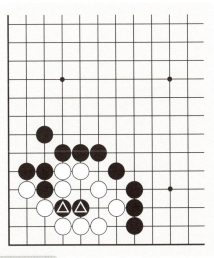

黑先。黑△二子已肯定不可能救活，但黑棋完全可以对其进行充分利用。第一手棋是成败的关键。黑棋应怎样下？

问题 110

问题109 解说

图1 正解

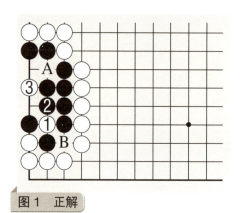

白1扑是比较奇特的想法,黑2必须提子,此时白3是好棋,其后白棋只要在A位或B位中居其一,黑棋即不活。

图2 失败1

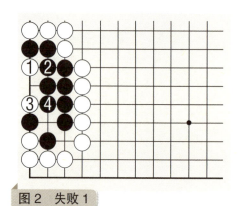

白1打吃,其后白3再打,但黑棋有黑4的非常手段,结果双方下成打劫。

图3 失败2

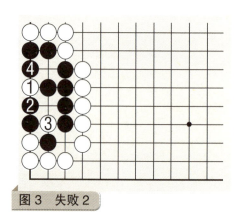

白1次序错误,黑2是当然的应手,其后白3扑,但黑4提子后,黑棋已净活。

问题110 解说

图1 正解

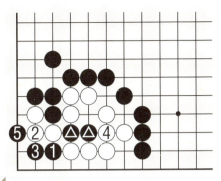

图1 正解

黑1断打,是充分利用黑⚫二子的有效手段。白2只好连接,此时黑3长是好棋,其后黑5打过,结果白棋不活。

图2 失败1

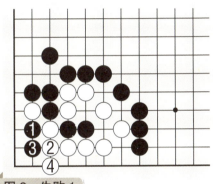

图2 失败1

黑1打缺少魄力,白2连接,黑3、白4之后,黑棋只能多占几目便宜,但不能吃住整块白棋。

图3 失败2

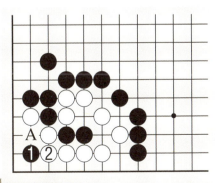

图3 失败2

黑1点同样是失败之举,其意图是希望白棋在A位连接。但白2是做活的急所,结果与图2相同。

问题 111

黑先。白△跳谋求做活，黑棋如何才能不让白棋做活？

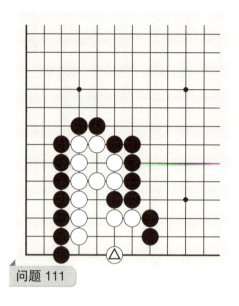

问题 111

问题 112

白先。黑棋在 A 位打吃是白棋的隐患，那么请问白棋如何才能解除这一隐患？

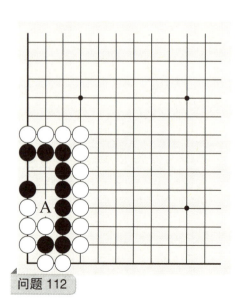

问题 112

问题 111 解说

图 1 正解

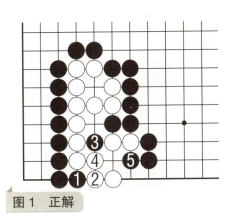

图 1 正解

黑 1 首先与白 2 交换是必然的，其后黑 3 挖是破眼的急所，白 4 时，黑 5 拐头即可，白棋不活。

图 2 变化

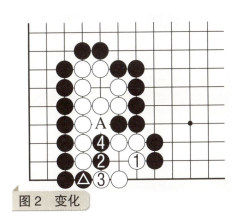

图 2 变化

黑▲时，白 1 挡，虽可确保眼形，但黑 2 扳可以成立，结果仍是白死。其后白 3 断，黑 4 贴住，白棋的痛苦在于 A 位不入气。

图 3 失败

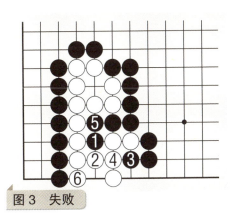

图 3 失败

黑 1 先挖次序错误，白 2、4 后，白棋只要在 5 位或 6 位中居其一即可活棋。

问题112 解说

图1 正解

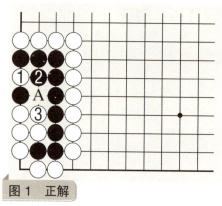

如果在实战中,很多人会认为吃不住黑棋而轻易放弃,而本图中的白1却是攻杀黑棋的唯一急所。黑2必然提,此时白3破眼,由于不能在A位打吃,结果黑棋净死。

图2 失败1

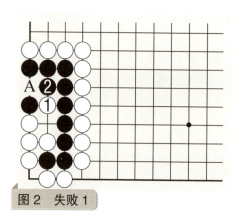

白1打吃,双方将不可避免地下成打劫。黑2进行抵抗,结果A位的劫争将决定黑棋的死活。

图3 失败2

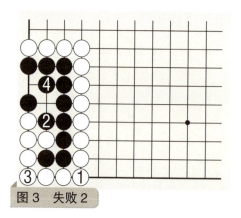

白1过于胆小,黑2可以先手打吃,然后黑4做活。这是白棋最坏的结果。

问题 113

白先。本题中黑棋的空间已够生存，而白棋本身也存在弱点。那么针对目前现况，白棋应如何攻击黑棋？

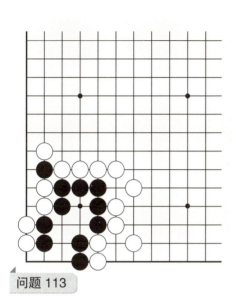

问题 113

问题 114

黑先。本题中黑棋如果下成打劫，将是最佳的结果。那么请问黑棋应如何选择？

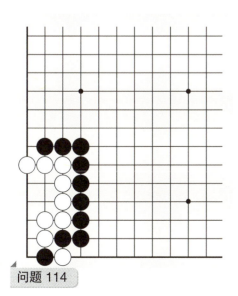

问题 114

问题 113 解说

图 1 正解

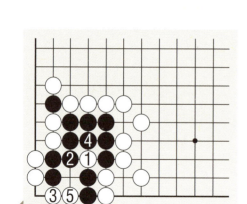

图 1 正解

白 1 断是极其锐利的攻击手段，黑 2 被迫打吃，白 3 扳，黑 4 提子，白 5 破眼，黑棋不活。其中黑 2 如果下在 5 位，则白棋下在 2 位，黑棋也不活。

图 2 变化

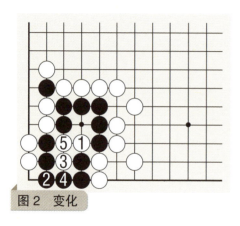

图 2 变化

白 1 时，黑 2 如果下立，白 3、5 破眼后，黑棋仍不活。

图 3 失败

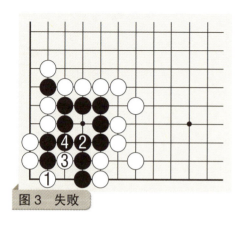

图 3 失败

白 1 扳过于呆板，黑 2 则抢占急所，白 3 时，黑 4 接并反打，白接不归。

问题 114 解说

图 1 正解

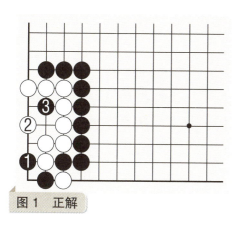

图 1 正解

黑 1 扳是非常手段，白 2 时，黑 3 点，这样白棋无法避免打劫。

图 2 失败 1

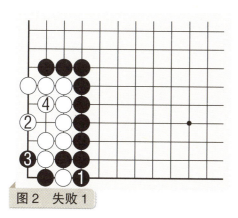

图 2 失败 1

黑 1 提缺乏思考，白 2、4 后，白棋净活。其中黑 3 如果下在 4 位，白棋下在 3 位，白棋活得更大。

图 3 失败 2

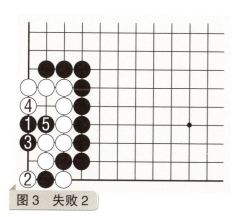

图 3 失败 2

黑 1 点过于教条，白 2 是当然的一手，黑 3 破眼，至黑 5，双方下成双活。

问题 115

白先。黑棋在本题中的生存空间较充分，白棋如以普通的手段杀黑棋，肯定无法摘取胜果。那么请问白棋应如何选择？

问题 115

问题 116

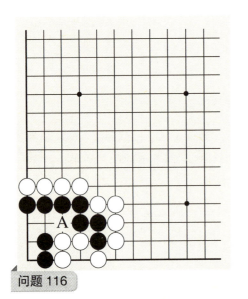

白先。在本题中白棋如何才能不给黑棋在A位打吃的机会？又如何才能杀掉黑棋？

问题 116

问题 115 解说

图 1 正解

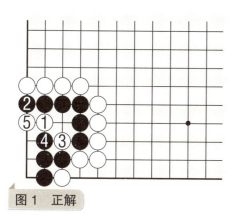

图 1 正解

白 1 夹是攻击的急所，黑 2 切断时，白 3、5 可以倒扑黑棋。其中黑 2 如果下在 3 位或 4 位，白棋在 2 位渡过，黑棋当然不活。

图 2 失败

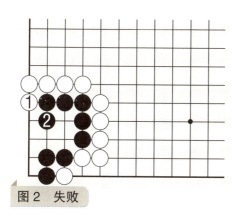

图 2 失败

白 1 冲，仅为官子手法，黑 2 退后，黑棋即可安全做活。

图 3 其他例子

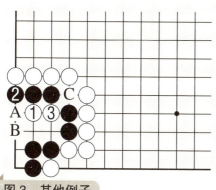

图 3 其他例子

本图与"问题 115"棋形相似。在本图中，白 1 夹是急所，黑 2 切断时，白 3 是严厉的后续手段，黑棋无应手。其中黑 2 如下在 A 位，白棋下在 2 位，之后黑 B、白 C，结果相同。

问题 116 解说

图 1 正解

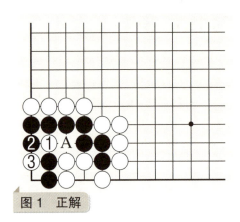

图 1 正解

白 1 挖，黑 2 因 A 位不入气只能从一线打，白 3 扑后，出现了实战中少见的双倒扑棋形，结果黑棋不活。

图 2 失败 1

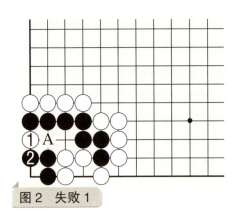

图 2 失败 1

白 1 点，被黑 2 补棋后，黑棋即可简单做活。其中黑 2 如果下在 A 位，白棋下在 2 位，黑棋不活。

图 3 失败 2

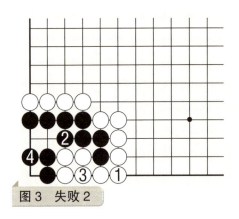

图 3 失败 2

白棋顾忌接不归而白 1 连接，黑 2 打吃，白 3 连接，黑 4 补后，黑棋净活。

问题 117

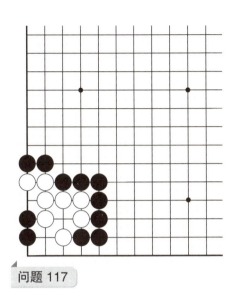

问题 117

黑先。在本题中黑棋有二子已像特工队一样渗透到白阵中，请问黑棋如何才能杀掉白棋？

问题 118

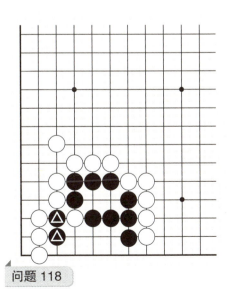

问题 118

白先。白棋如果仅仅吃掉黑▲二子非常简单，但本题的目的是吃住整块黑棋。请问白棋应如何选择？第一手棋是关键。

问题117 解说

图1 正解

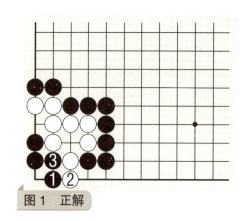
图1 正解

黑1尖是巧妙的攻击方法，一方面意在有眼杀无眼，另一方面意在渡过。白2阻断时，黑3团眼，由此可以吃住白棋。

图2 失败

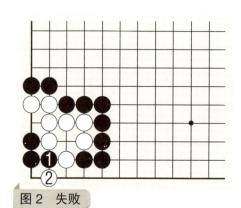
图2 失败

黑1挤，操之过急，此时白2扳是急所，结果下成双活。

图3 其他例子

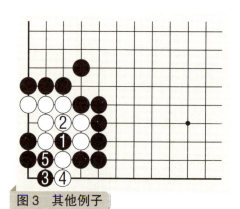
图3 其他例子

本图可以说是"问题117"的原形。黑1扑，与白2交换是极其重要的次序，以下至黑5则是正解进行的次序。

问题 118 解说

图 1 正解

白 1 扳是飞跃性的下法，其目的是不让黑棋在下边成眼。黑 2 提子时，白 3 渡过，结果黑棋不活。

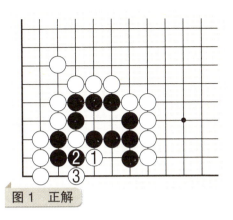
图 1 正解

图 2 失败 1

实战中下成白 1 打吃或许是最常见的处理方法，但却错失良机。黑 2、4 后，黑棋轻松做活。

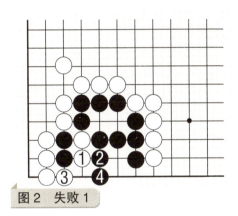
图 2 失败 1

图 3 失败 2

白 1 跳入，是希望黑 A 提子，然后白棋下 2 位。但黑 2 补是好棋，白棋无后续手段。

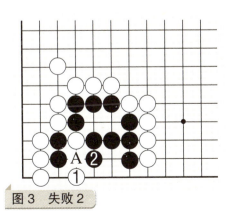
图 3 失败 2

问题 119

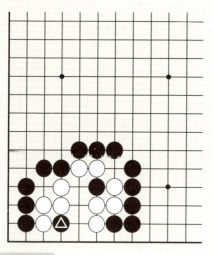

问题 119

黑先。黑▲一子如果被吃，黑棋肯定不行，那么黑棋就只有考虑渡过。行棋次序在本题中非常重要。请问黑棋应如何选择？

问题 120

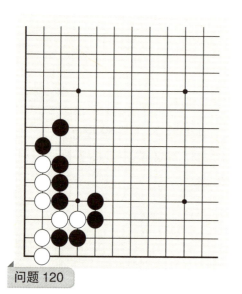

问题 120

黑先。本题虽然较难，却很实用。大家如能熟记，将会终身受益。请问黑棋应如何选择？

问题 119 解说

图 1 正解

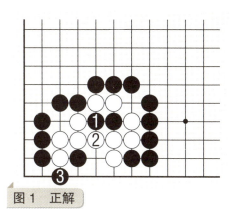

图 1 正解

黑 1 先手利用非常巧妙，白 2 无奈只好提子，此时黑 3 渡过，白棋即不活。

图 2 失败 1

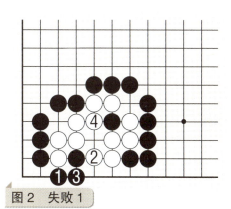

图 2 失败 1

黑 1 渡过操之过急，白 2 先手打吃，至白 4，白棋净活。

图 3 失败 2

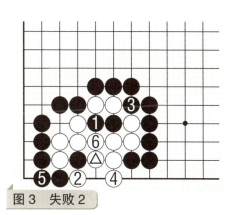

图 3 失败 2

白△时，黑 1 再打吃，白 2 可以提子，黑 3 时，白 4 可以做活。其中白 2 如果下在 6 位，黑棋在 2 位连接后，又还原成正解的进行。

问题 120 解说

图 1 正解

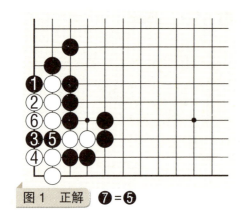

图 1 正解 ❼=❺

黑 1 扳是急所，白 2 挡，黑 3 可以点，白 4 时，黑 5、7 破眼，结果白棋不活。

图 2 失败 1

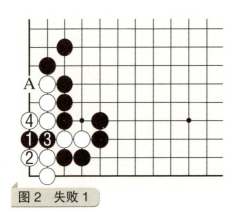

图 2 失败 1

黑 1 立即点是很容易犯的错误，白 2 必然挡，黑 3 扑时，白 4 则可提子，其后白棋只要在 A 位或 3 位中居其一即可活棋。

图 3 失败 2

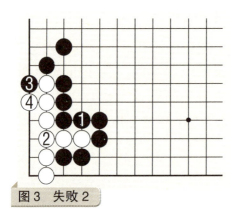

图 3 失败 2

黑 1 缺乏斗志，白 2 连接后，白棋已安然活出。其后黑 3 时，白 4 挡即可。

问题 121

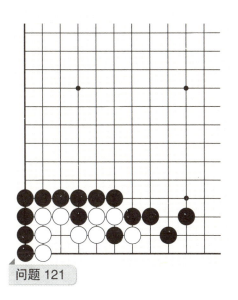

问题 121

黑先。在本题中黑棋行棋要有技巧，只有次序正确，才能解决问题。请问黑棋应如何选择？

问题 122

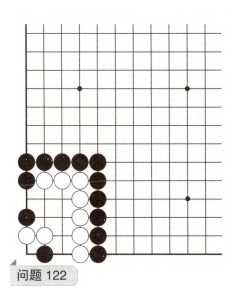

问题 122

黑先。本题是本册的最后一个问题。黑棋的选择虽然较难，但只要掌握死活的要点就可解决问题。请问黑棋应如何选择？

问题121 解说

图1 正解

黑1是破眼的急所，不仅瞄着左边的倒扑，而且还瞄着右边的破眼。白2时，黑3打是要领，结果白棋仅在左边后手成一眼，自然不活。

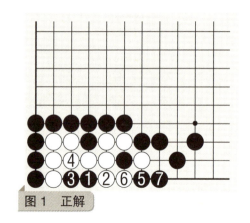

图2 失败1

黑1直接打吃，必将以失败告终。白2时，黑3、5继续攻击，但白4、6后，白棋可活。

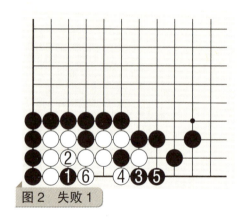

图3 失败2

黑1次序错误，白2提子，黑3点，以下进行至白6，黑棋仅仅吃住白△四子，而不能吃住整块白棋。

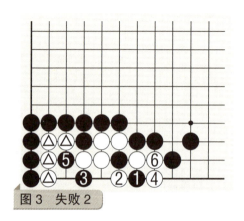

问题 122 解说

图 1 正解

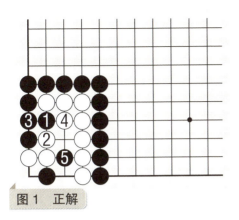

图 1 正解

黑 1、3 是不易发现的攻击次序，白棋因此而不活。白 4 时，黑 5 破眼即可。如能一眼发现本题的关键所在，则证明您的围棋水平已达到相当的高度。

图 2 失败 1

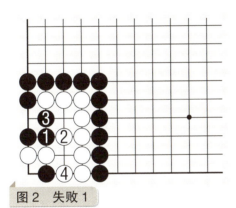

图 2 失败 1

黑 1 也是常识性的攻击方法，但白 2 后，白棋以后只要在 3 位或 4 位中居其一即可活棋。

图 3 失败 2

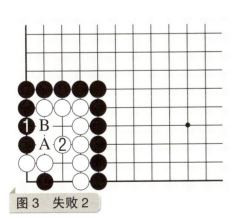

图 3 失败 2

黑 1 接速度太慢，白 2 后，黑棋无后续手段。但白 2 如果下在 A 位，黑下 B 位，则又还原成正解的进行。

曹薰铉、李昌镐精讲围棋系列

第一辑

精讲围棋官子.官子计算
精讲围棋官子.官子手筋
精讲围棋官子.官子次序

第二辑

精讲围棋棋形.定式常型
精讲围棋棋形.棋形急所
精讲围棋棋形.手筋常型

第三辑

精讲围棋布局.布局基础
精讲围棋布局.布局技巧
精讲围棋布局.布局实战1
精讲围棋布局.布局实战2
精讲围棋布局.布局实战3

第四辑

精讲围棋定式.星定式
精讲围棋定式.小目定式
精讲围棋定式.目外高目三三定式
精讲围棋定式.定式选择
精讲围棋定式.定式活用

第五辑

精讲围棋对局技巧.基本技巧
精讲围棋对局技巧.接触战
精讲围棋对局技巧.实战对攻

第六辑

精讲围棋中盘技巧.打入与侵消
精讲围棋中盘技巧.攻击
精讲围棋中盘技巧.试应手

第七辑

精讲围棋手筋.1
精讲围棋手筋.2
精讲围棋手筋.3
精讲围棋手筋.4
精讲围棋手筋.5
精讲围棋手筋.6

第八辑

精讲围棋死活.1
精讲围棋死活.2
精讲围棋死活.3
精讲围棋死活.4
精讲围棋死活.5
精讲围棋死活.6